─── 존중과 애정의 발현 ───

부모님을 위한 돌봄

사적돌봄과 공적돌봄의 연계

Caring for Parents
With Respect and Affection

Linking Private Care with Public Care

Kyu-taik Sung, Ph.D.
Center for Filial Piety Culture Studies
Socio-Economic Society, Inc.
Seoul, Korea

Korea Studies Information Company, Ltd.
Republic of Korea

―――― 존중과 애정의 발현 ――――

부모님을 위한 돌봄

사적돌봄과 공적돌봄의 연계

성규탁 지음

고령자돌봄은 전통적으로 가족을 중심으로 이루어져 왔으나 인구고령화, 산업화, 핵가족화 등 시대의 변화에 따라 많은 가족들은 국가사회 주도로 제공되는 공적돌봄을 함께 병행해야만 바람직하게 수행할 수 있게 되었습니다.

고령자는 두 가지의 돌봄 – 즉, 가족 중심의 사적돌봄과 국가사회 주도의 공적돌봄 – 이 연계된 총체적인 돌봄을 필요로 하고 있습니다.

그동안 우리 사회의 부모돌봄은 가족구성원 등의 사적돌봄에 전적으로 의존하여 이루어져 왔는데, 이로 인한 가족갈등 및 어려움이 적지 않았습니다. 2008년 노인장기 요양보험제도의 도입으로 공식적 돌봄서비스, 즉 '사회적 돌봄'이 전개되면서 가족 내 부모돌봄으로 인한 어려움을 상당 부분 덜게 된 측면이 있습니다.

그러나 부모돌봄에 있어서 가족원의 관심과 지원 등 비공식 돌봄 없이 전적으로 공식 돌봄에 의존하는 것은 제한적이라 할 수 있습니다. 따라서 공식 및 비공식 돌봄의 관계성을 조명해 봄으로써 현대사회 부모돌봄을 고찰하는 것은 매우 시의적절하고 의미 있는 일이라고 생각합니다.

이 책은 사적돌봄과 공적돌봄을 연계해서 바람직한 고령자돌봄의 가치와 철학, 실천방안에 대해 체계적으로 제시하고 있습니다. 구체적으로 부모자녀 관계의 특수성, 부모돌봄의 가치적 바탕, 사적돌봄과 공적돌봄의 속성 및 이 두 돌봄을 연계하는 방법을 국내외 경험적인 자료를 바탕으로 충분한 분석 및 해설이 이루어졌습니다.

　성규탁 박사님은 한국노년학계에서 학문적 성과가 지대하신 가운데 본인 스스로 성공적 노화를 실천하시는 진정한 노년학자로서, 부모돌봄에 대한 심도 있는 성찰을 통해 또 하나의 학문적 성과를 이루셨습니다.

　고령자의 삶의 질을 고양하고 복지를 증진하는 일은 성인자녀뿐만 아니라 우리 사회, 특히 한국노년학계에서도 매우 중요한 과제라 할 수 있습니다. 이러한 과제를 논의한 이 책은 노년학은 물론, 사회복지학, 가족학 관련 연구자와 실천인, 그리고 이 분야에 관심 있는 일반인에게도 참고가 될 수 있는 귀중한 저서라 할 수 있습니다.

　우리 사회 고령자돌봄의 진정한 해법 및 부모돌봄의 가치적 의미와 실천에 시사점을 제시해 줄 것으로 크게 기대하는 바입니다.

2019년 1월 15일
한국노년학회 회장
원영희 Ph.D.

머
리
말

　부모님을 비롯한 고령자를 돌보는 일은 성인자녀뿐만 아니라 사회복지분야의 실천자와 정책집행자가 이룩해야 할 긴요하고도 급박한 시대적 과업으로 드러났다. 부모돌봄은 전통적으로 가족을 중심으로 이루어진 효행이었으나 시대의 변화에 따라 많은 가족들은 국가사회 주도로 제공되는 공적돌봄을 겸해야만 바람직하게 수행할 수 있게 되었다.

　우리는 사람의 인권과 자유를 존중하는 민주주의사회에서 살고 있다. 전통적 부모돌봄(효)의 기본적 가치는 변치 않으나 이의 표현방식은 달라지고 있다. 이러한 시대적 변화에 순응해서 부모돌봄에 관한 완고한 격식과 경직된 규칙은 남녀와 노소의 인권과 자유를 존중하면서 풀고 고쳐나가야 하겠다.

　시대가 달라짐에 따라 많은 가족들은 자체의 능력만으로는 부모를 올바르게 돌볼 수가 없는 형편이다. 그래서 가족 밖의 돌봄이 필요하게 된 것이다. 부모돌봄을 부담스럽게만 여기지 말고, 이를 실행하기가 어려울 때, 나의 돌봄 능력이 부족하여 이를 보강해야 할 때, 여러 가지 대안들을 가족 안팎에서 찾아 신축성 있게 대처해나가야 하겠다. 이제는 가족, 친척, 이웃공동체가 제공하는 사적돌봄 외에 국가와 사회가 제공하는 다양한 유형의 공적돌봄을 활용할 수 있다.

부모돌봄에 대한 새로운 시각이 필요하다. 한국인의 성품인 체면과 수치감에 얽매이지 말고, 이웃과 사회로 필요한 돌봄서비스를 찾아나가야 한다. 돌봄서비스의 유형, 서비스제공자의 가치관, 돌봄의 세팅 등을 탐사하여 나의 사정에 부합되는 돌봄서비스를 물색해야 한다. 근년에 가족이 못 하는 기술중심의 돌봄서비스를 제공하는 조직들이 증설, 확장되고 있다. 하지만 인간중시적인 가족중심의 사적돌봄의 긴요함은 변치 않고 있다. 이 두 가지의 돌봄 - 가족중심의 사적돌봄과 국가사회 주도의 공적돌봄 - 을 연계해서 종합적인 돌봄을 제공하여 부모의 삶의 질을 높이고 복지를 증진하는 일이 우리의 과업으로 드러났다.

이 책은 이러한 시대적 과업의 중요성을 감안하여 사적돌봄과 공적돌봄의 공통점과 차이점을 살펴보고 두 가지 돌봄을 연계, 종합해서 바람직한 부모돌봄을 이룩하는 방안을 탐색, 논의하는 내용이다. 제1장에서는 부모자녀 관계의 특수성, 부모돌봄의 가치적 바탕, 사적돌봄과 공적돌봄의 속성을 논의한다. 제2장에서는 사적돌봄의 중심을 이루는 부모자녀 간의 서로 돌보는 관계, 돌봄의 기본가치인 사람존중, 사적돌봄의 장단점 등에 관해 경험적 자료를 참고하여 논의한다. 제3장에서는 공적돌봄의 제공자인 공적조직의 특성, 공적조직의 인간중시적 돌봄의 필요, 도덕적 체계로서의 돌봄서비스 등에 관해 국내외 자료를 바탕으로 논의한다. 제4장에서는 사적돌봄과 공적돌봄을 연계하는 방법과 이 방법을 실행하는 데 필요한 조건들을 분석, 제시한다.

부모를 위한 돌봄은 한국의 문화적 맥락에서 실행된다. 홍익인간사상에서 발원하여 오늘의 민주주의사상에 이르는 줄기찬 전통사상의 흐름에서 드러난 우리 특유의 인간중시적 가치를 바탕으로 이루어지는 것이다. 시대가 변하여도 이 가치는 우리와 함께 상존한다. 다만 이 가치의 실천방법을 변하는 생활환경에 맞게 바꾸고 있을 따름이다. 우리가 이어받은 이러한 가치를 바탕으로 인간중시적 사적돌봄과 함께 기술중심적 공적돌봄을 조절, 결합해서 가족과 국가사회에 기여한 부모님에게 제공함으로써 이분들의 삶의 질을 높이고 복지를 증진해드려야 하겠다.

2019년 1월 5일
한국사회경제연구원
효문화연구소
대표 성규탁

차 례

1장
사적돌봄과
공적돌봄의
속성

4장

사적돌봄과
공적돌봄의
연계

1장

사적돌봄과
공적돌봄의 속성

서론

전통적으로 가족은 부모가 온정과 존중으로 돌봄을 받는 안식처로 되어왔다. 그러나 시대적 변동과 더불어 가족 안팎의 사정이 전에 없이 크게 변함에 따라 많은 가족들의 부모돌봄(효)능력이 약화되는 조짐을 보이고 있다.

이러한 변화에 곁들어 부모를 포함한 고령자를 위한 돌봄은 성인자녀와 사회복지분야의 연구자, 실천자 및 정책집행자가 다루어야 할 중차대한 시대적 과제로 들어났다(김미혜 외, 2015). (이하 부모와 일반 고령자에게 공통되는 사항에 대해서는 '부모·고령자'로 표기함)

어떤 사람들은 이 변화를 두고 우리 사회는 비인간적인 사회로 변질되고 있다고 걱정할 것이다. 그러나 우리의 사회현실을 들여다보면 가족중심으로 이루어진 사적(私的)돌봄집단(이하 '사적집단')은 여전히 인간중시적 가치를 발현하며 부모를 돌보는 으뜸 가는 힘이 되고 있다.

사적집단은 집단성원들이 공동의 소문화를 간직하면서 서로 돌보는 친밀한 관계를 지속하는 점에서 제1차집단(The primary group) (Cooley, 1998; Andersen & Taylor, 2010)의 특성을 간직한다.

사적집단이 행하는 돌봄(이하 '사적돌봄')은 가족원들과 친척, 그리고 가까운 친구와 이웃을 중심으로 서로 존중하고 사랑하면서 서로에게 보살핌, 지지, 조원을 함으로써 자주적으로 인간중시적 가치를 발현하며 실행하는 이타적 행동이다(성규탁, 2017; 김미혜 외, 2015; 김영범, 박준식, 2004).

오늘날 이 사적집단과 공적집단의 커다란 과제는 바로 이와 같은 가치를 발현하면서 부모·고령자를 돌보아드리는 일이다. 해가 갈수록 이 일은 그 필요성과 심각성이 더해가고 있다. 고령인구가 증가하고, 저출산으로 가족원수가 줄고, 다수 성인자녀들이 부모와 떨어져 살고, 독거노인수가 늘어나고, 자살노인수가 줄지 않으며, 고령자를 위한 사회복지적 및 의료적 돌봄의 필요성이 더해감에 따라 이분들의 삶의 질을 높이면서 인간중시적으로 돌보아나가는 일은 긴요하고도 급박한 국가사회적 과제로 드러났다.

산업화는 우리에게 풍요한 생활을 가져왔지만 가족과 부모 간의 관계를 불안정하게 하며 가족의 돌봄능력을 약화하는 추세를 드러내고 있다. 이러한 시대적 변동은 가족중심으로 제공하는 돌봄을 가족 바깥에서 제공되는 돌봄과 연계해야 할 필요성을 자아내고 있다. 오늘의 부모는 존중 및 애정으로 제공되는 가족중심의 돌봄뿐만 아니라 가족 바깥의 돌봄조직이 제공하는 기술중심적 돌봄을 또한 필요로 하고 있다. 즉, 이중적인 욕구를 나타내고 있는 것이다. 이러한 시대적 욕구를 충족하기 위해 가족 바깥 공적조직이 확장, 증설되고 있다. 즉, 노인복지관, 병원, 요양원, 탁아소, 상담소 등 국가를 위시하여 NGO 등 사회공동체의 지원을 받는 다양한 인간봉사조직들이다.

이 공적조직들은 고령자의 정신적, 신체적 및 사회적 문제의 해소를 위한 기술, 기재, 시설 및 인력을 갖추어 다수 고령자들을 위해 치료, 회복, 예방을 하는 긴요한 역할을 한다.

성인자녀의 입장에서 보면, 부모돌봄은 이제 가족의 힘뿐만 아니라 국가사회의 도움을 받아 실행할 수 있게 되었다. 즉, 가족 바깥의 도움을 받아 효(孝)를 할 수 있게 된 것이다.

부모돌봄에 대한 새로운 시각이 필요하다. 우리는 사람의 인권과 자유를 존중하는 민주주의사회에서 살고 있다. 전통적 부모돌봄의 기본적 가치는 변치 않으나 이의 표현방식은 달라지고 있다. 이러한 시대적 변화에 순응해서 부모돌봄에 관한 완고한 격식과 경직된 규칙은 남녀와 노소의 인권과 자유를 존중하는 바탕에서 풀고 고쳐나가야 하겠다.

부모돌봄을 위한 새로운 대안들을 가족 안팎에서 찾아 신축성 있게 대처해나가야 한다. 이제는 가족, 친척, 이웃공동체가 제공하는 사적돌봄 외에 국가와 사회가 제공하는 다양한 유형의 공적돌봄을 활용할 수 있다.

변하는 시대적 맥락에서 공적돌봄을 사적돌봄과 연계해야 한다는 소리가 높아지고 있다. 이 연계의 필요성을 감안하여 사적돌봄과 공적돌봄의 이념적 바탕과 실천현황을 재조명하고, 두 가지의 필요불가결한 돌봄을 연계해서 인간중시적 가치를 바탕으로 부모·고령자의 삶의 질을 높이고 이분들의 복지를 증진하는 데 도움이 될 지식과 방법을 찾아보고자 한다.

1

부모님돌봄

부모님돌봄은 아버님과 어머님을 돌보아드리는 것이다. 우리 겨레는 전통적으로 부모돌봄은 사람이 수행해야 할 가장 중요한 과업이며, 모든 착한 행동의 으뜸이고, 사람의 올바른 행동과 생활의 기본이라고 믿어왔다(이황, 퇴계집, 2003; 22, 89-94; 류승국, 1995; 박종홍, 1960). 이러한 믿음은 조선유학의 대표적 인물이며 우리의 가족윤리에 커다란 영향을 끼친 퇴계(退溪 李滉)의 가르침에서 드러난다.

퇴계는 어진 사람은 어버이 섬기기를 하늘을 섬기는 것과 같이하며 다음과 같은 마음가짐으로 행한다고 했다(이황, 퇴계집: 153).

> "남을 사랑하고 이롭게 하는 따뜻한 마음으로서 사람의 마음 속에 담겨 있는 인(仁, 넓은 사랑)이 발하여 사랑하고 존중하는 마음이 되며 이 마음에는 측은지심이 한결같이 통한다"(이황, 성학십도, 인설; 퇴계집: 202).

이 가르침은 인간애와 인간존중 그리고 측은지심으로 발현되는 인간중시사상을 표명하는 것이다.

[주: '측은지심'(惻隱之心)은 "내가 서고자 하는데 남을 세운다", "내가 원하는 것을 남에게 한다"의 말이 뜻하는 바와 같이 이타적 가치이며, 인을 발현하는 방법이다.]

퇴계는 위와 같은 인의 마음으로 행하는 부모돌봄은 자녀에 대한 돌봄과 긴밀하게 연계되어 있음을 가르쳤다.

"부모가 자녀를 사랑하며 돌보는 것을 자(慈)라 이르고, 자녀가 부모를 존중하며 돌보아드리는 것은 효(孝)이다"라고 했다 (퇴계집, 무진육조소: 91).

이어 퇴계는 "자(慈)와 효(孝)의 도리는 인간이 본디 가지는 천성(天性)에서 나온 것으로서 모든 착함의 으뜸이니, 그 은혜가 지극히 깊고, 지켜야 할 도리로서 지극히 무거우며, 그 정(情)이 가장 절실하다"고 했다(퇴계집, 무진육조소; 금장태, 2001: 231).

[주: 대유학자 율곡(栗谷 李珥)도 "남의 아버지가 된 자는 그의 자녀를 사랑할 것이요, 자녀는 그의 부모은혜를 잊지 않고 효를 해야 한다"고 했다(이이, 율곡전서, 권27, 擊蒙要訣).]

위의 가르침은 부모와 자녀가 서로 사랑하고 존중하며 돌보는 호혜적(互惠的) 가치를 담고 있다.

노부모를 돌보는 까닭은 무엇인가? 부모로부터 받은 물질적(수단적) 도움 때문인가? 아니면 부모와의 깊고 짙은 정(정서적) 때문인가? 아마도 대다수 성인자녀들은 이 질문에 응하여 두 가지

이유를 함께 들 것으로 본다. 즉, 부모은혜를 갚는다는 것은 부모님으로부터 받은 물질적 도움만이 아니라 오랜 세월 동안 그분들과 깃든 깊고 두터운 정 때문일 것이다.

2

부모자녀 관계의 호혜성

위와 같은 부모자녀 간의 관계는 매우 특수하며 세월이 흘러도 변치 않는다. 아무도 끊을 수 없는 이 관계는 깊은 존경과 애정 그리고 측은지심으로 차여 있으며 어질고 너그러운 인간중시적 가치가 발현되는 것이다.

사람이 마땅히 지켜야 하는 다섯 가지 윤리(五倫) 가운데서 기본이 되는 것은 부자유친(父子有親) – 부모자녀 간의 친근한 관계 – 이다(손인수, 1976).

다음과 같은 엄연한 사실을 보아 이러한 부모자녀 관계의 특수성을 감지할 수 있다.

부모는 "자녀가 병이 없이 오래 살기를 끝없이 소원한다." 자녀도 "부모님의 건강을 걱정하며 병환이 없이 오래 사시기를 소원한다."

이 세상에서 가장 소중한 생명 그 자체를 이렇게 측은지심으로 존중하는 것은 오직 부모만이 자녀에게, 그리고 자녀만이 부모에게 하는 지극한 존중과 애정의 발현이라고 하지 않을 수 없다.

위와 같은 특수한 상호관계를 가지는 부모와 자녀가 서로 의존하면서 돌보아나가는 현상은 한국인의 문화적 특성이라고 본다.

사회학의 대가 A. Gouldner(1960)는 "서로돌봄의 원칙은 '주고 받는 원칙'에 바탕을 두고 있으며 이 원칙은 사회적 관계를 조절 하고 화합시키며 사회체계의 안정을 구축하는 시멘트(접착제) 역 할을 한다"고 했다. 이 말은 호혜적 인간관계의 중요성을 지적하 며, 그 관계의 안정성과 불변성을 시사한다.

호혜적 관계에서는 과거에 받은 도움을 시간이 지난 후 갚을 수 있다. 하지만 이런 관계에서는 제공한 도움과 받은 혜택을 엄 격히 계산하거나 특정한 주고받는 행위를 요청하지 않는다.

부모가 자녀에게 베푼 도움은 얼마를 주고 얼마를 받겠다고 계 산을 하고서 준 것이 아니며 자녀 측에서도 얼마를 받았기 때문 에 얼마를 부모에게 돌려드린다는 식의 교환관계가 아니다. 그래 서 자녀는 그들의 개인적 형편, 사회적 규범, 그리고 그들의 성숙 한 판단에 따라 무엇을 어느 정도로 부모에게 해드려야 하는가를 결정할 수 있다.

이렇게 개인적 형편에 따라 부모에게 할 바를 결정하는 데는 퇴계와 율곡의 가르침이 뜻하는 바와 같이 '의무감'이 중요한 요 인으로 작용한다.

우리와 비슷한 문화적 배경을 가진 일본인과 개인주의적인 사 회적 배경을 가진 미국인이 다 같이 부모돌봄은 가족의 의무라 고 지적하였다(Antonucci, Kitayama & Birditt, 2004). 저자의 조 사에서도(성규탁, 2017) 부모를 돌보는 한국인들과 미국인들에게 어떤 이유로 고령의 부모님을 돌보아드리느냐는 질문을 한 결과 두 비교집단들이 다 같이 부모를 돌보는 첫째 이유로서 부모에 대한 의무를 지적하였다.

우연의 일치로서 문화적 배경이 다른 두 집단들이 모두 의무 때문에 부모를 돌본다는 것이다. 우리의 문화적 맥락에서는 의무감을 가지고 부모를 돌보는 것을 효라고 한다.

[주: 약 70%에 가까운 한국인이 효와 관련된 유교적 가치관을 간직하고 있다(한국갤럽, 2011. 12. 17).]

위에 인용한 퇴계의 가르침 - 효(孝)와 자(慈) - 즉, "자녀는 부모를 섬겨 돌보고 부모는 자녀를 사랑으로 보살핀다"는 서로 돌보는 부모자녀 관계가 유지되어야 함을 타일러주는 것이다. 이런 관계를 안정시키는 요인이 바로 서로에 대한 의무임이 시사되었다.

개개 가족의 생활형편, 자조능력, 응집력이 다르기는 하지만, 대다수 한국가족원들은 대체로 부모자녀 간의 호혜적 관계를 이루고 있으며, 서로의 안녕과 가족의 번영에 대한 의무감을 간직하는 것으로 보인다(최재석, 2009; 신용하, 2004; 성규탁, 2017). 한국가족에 대한 연구는 이러한 가족적 성향이 소멸되었다는 증거는 제시하지 않고 있다.

다음은 부모에 대한 의무를 수행한 한 가지 사례이다.

"외로이 살다가 정신적 및 육체적으로 사경에 빠진 고령의 부모를 딸이 자기 집으로 모셔 와서 가족적인 존중, 애정, 관심, 접촉을 꾸준히 실행해나가면서 이분들을 재활시켜 보람 있는 여생을 보내도록 했다"(효도실바신문, 제208호, 2010.8.13.).

딸이 병약한 노부모를 마치 '자신의 자녀'를 돌보는 것 같이 인간중시적인 가치를 발현하며 돌본 것이다. 받은 은혜를 정서적 및 수단적으로 갚은 딸의 부모돌봄이다. 부모자녀 간 호혜적 서로돌봄의 표상이다.

<u>3</u>

돌봄의 기본가치: 존중

이어지는 전통: 부모존중

부모를 위한 돌봄은 한국적인 문화적 맥락에서 실행된다. 노년학의 대가 G. Streib(1987) 교수는 사회문화적 맥락에서 중국인과 미국인 사이에 고령자를 대하는 관습에 차이점이 있음을 지적하였다. 그는 중국인은 어른에 대한 존경을 자동적으로(automatically) 표현하며 서양인보다도 어른을 더 잘 대우한다고 했다. 일본에서 태어나 평생 동안 그 나라에서 생활한 E. Palmore(1985) 교수는 일본에서는 어른존경의 가치가 사회구조 속 깊이 스며들어 있다고 했다. 특히 부모와 자녀 관계, 선생과 제자 관계 그리고 조상 숭배에서 그러하다는 것이다.

이러한 연구보고는 한국에도 거의 그대로 적용된다고 본다. 뿐만 아니라 한국에서는 일본과 중국의 경우와 같이 어린이 때부터 부모, 선생, 어른에게 정중히 예의바르게 행동하도록 사회화되고 있다(성규탁, 2011).

근년에 이르러 어른돌봄과 관련된 전통적 가치를 높이기 위해 한국, 일본, 중국, 대만, 싱가포르를 비롯한 동남아지역의 중국인

사회에서 정부와 민간이 합동하여 여러 가지 경로사업을 하고 있다. 고령자존경을 위한 사회운동, 고령자를 위한 각종 사회서비스와 보건의료서비스 제공, 노인의 날과 노인존경 주간의 실시, 노인복지법과 부모부양책임법의 제정, 효행상 시상 등은 그 예이다.

모범적으로 효도한 사람들에 대해서는 텔레비전, 신문, 잡지 등 매스컴과 교육·문화·예술 기관을 통해 뉴스, 기록보도, 드라마, 문학작품, 발표회의 형식으로 보도되고 있다. 이러한 사회적 노력은 어른을 위한 존경과 돌봄을 재강조하려는 사회적 노력과 의욕을 반영하는 것이다.

그러나 사회변동과 함께 세대 간의 서로돌봄(효)을 표현하는 방식은 수정되고 있다. 젊은 세대는 서로 도움을 주고받는 평등주의적 입장에서 고령자를 돌보려는 경향이다. 이러한 동향은 세대관계가 권위주의적이고 가부장적인 형태로부터 호혜적으로 서로 존중하는 평등주의적 방향으로 변하고 있음을 시사한다. 사실 전통적인 가르침에도 위에서 논한 바와 같이 효는 어른과 젊은 세대가 서로 돌보고 섬기는 효자(孝慈)를 실행하는 것으로 되어 있다. 즉, 부모는 자녀를 인자하게 애정으로 양육하며 자녀는 부모를 섬기며 돌보는 것이다.

저자의 조사에 의하면 한국의 젊은이들의 다수는 부모를 존경하고 있으며, 일본과 중국의 다수 젊은이들도 역시 부모를 존경한다(성규탁, 2011). 이러한 문화적 특성은 동아시아 3국(한국, 중국, 일본)이 가지는 공통성이라고 할 수 있다(성규탁, 2011;

Chow, 1995; Elliott & Campbell, 1993).

이어지는 존중사상의 흐름

부모님을 돌보는 데 있어 가장 중요한 것은 이분들을 존중(존경)하는 것이다.

퇴계는 그의 사상을 집약한 저서 '성학십도'(聖學十圖)에서 부모돌봄에 있어 중요한 것은 이분들을 존중하는 것임을 다음 말로 가르쳤다.

"천지의 어른을 어른으로 대접해야 한다"(성학십도, 서명).

그의 부모존중사상을 집약한 말이다. 사실 부모를 존중하지 않고서는 이분들에 대해서 긍정적인 태도를 기질 수 없고 진심으로 돌보아드릴 수가 없는 것이다. 다음과 같은 사실이 이 점을 증명하고 있다.

윤리학자들은 존중과 돌봄은 연계, 상합되어 있음을 지적한다. 이들은 존중함(respect)은 돌봄(care)을 내포하며, 돌봄은 존중함의 일부(part of respect)라고 규정하고 있다(Downie & Telfer, 1969; Dillon, 1992).

유교경전(儒敎經典)에서도 '존중'은 '돌봄'과 연계되어 있음이 드러난다. 예기(禮記, 예를 행하는 데 관한 준칙)에는 부모를 존중하는 행동과 부모를 돌보는 행동이 혼합 또는 연계되어 수록되어 있다.

예를 들어 예기(하 내칙 12)에는 다음과 같은 자녀를 타이르는 말이 있다.

"아침에 일어나면 부모님 방으로 가야 한다. 방에 이르러서 마음을 가라앉히고 목소리를 부드럽게 하여 입고 계신 옷이 따뜻한지, 아픈 곳은 없는지를 묻고서 아픈 데가 있다고 하면 공손히 이를 억눌러드려야 한다."

"노부모를 돌보아드리는 데는 그 마음을 즐겁게 헤드리고, 그 뜻에 어긋나지 않도록 하며, 눈과 귀를 즐겁게 헤드리고, 잠자리를 편안하게 헤드리며, 음식은 마음을 다하여 대접해야 한다."

위의 말은 부모를 돌봄으로써 존중하고 존중함으로써 돌보는 자녀의 효행을 알리는 것이다. 이 말도 역시 돌봄은 존중함의 일부이고 존중함은 돌봄을 포함하고 있음을 시사한다. 위에 인용한 일련의 사실은 존중함은 돌봄과 밀접한 관계가 있음을 밝히고 있다. 다시 말해서 돌봄은 존중함으로써 이루어지고, 존중을 하면 돌봄이 따르게 됨을 시사한다.

존중은 부모를 돌보는 데 있어 긴요하면서 끈질긴 기능을 한다고 본다. 돌보는 과정에서 돌봄의 어려움, 피로, 소진이 심해짐에 따라 부모에 대한 애정(사랑)이 사라질 수 있다. 그러나 종중하는 마음은 끊임없이 지속될 수 있다고 본다.

존중은 정서적 및 수단적 방식으로 나타낼 수 있다. 다음 공자의 말이 이 점을 밝히고 있다.

"지금의 효라는 것은 부모를 부양하는 것을 말하는데, 심지어 개와 말과 같은 짐승까지도 먹여 기르고 있으니, 공경하지 않으면 부모와 짐승을 어찌 구별할 수 있겠는가"(논어, 위정 7).

부모를 돌보는 데는 물질적인 방법만이 아니라 정서적인 정과 존중이 깃들어야 함을 가르치는 말이다.

이 가르침은 가족중심의 사적집단이 제공하는 정에 찬 돌봄과 공적조직이 기술로 제공하는 수단적(물질적) 돌봄의 대조적인 면을 상기시킨다.

부모·고령자를 위한 돌봄서비스를 향상하기 위한 노력이 진행되고 있다. 이 과정에서 돌봄의 수단적(물질적)인 면을 강조하는 경향이 드러나고 있다. 즉, 고령자를 위한 할인, 교통편, 식사 배달, 노령수당, 평생교육 등 서비스를 제공하고 있다. 하지만 정서적인 면, 즉 존경, 애정, 동정, 관심 등에 대해서는 대단한 관심을 두지 않은 경향이다. 이런 정서적인 면은 눈에 보이지 않으나 우리의 가슴속에서 메아리치고, 우리의 인간중시적 가치를 발현한다. 더욱이 이 가치는 부모의 존엄성을 받들며 이분들의 생의 질을 높이기 위한 돌봄서비스를 기획, 실천하는 데 커다란 영향을 끼칠 수 있다. 따라서 부모돌봄의 수단적 면과 더불어 정서적 면도 그 중요성을 강조해야 한다. 정서적 및 수단적 돌봄의 유형에 대해서 제2장에서 논의한다.

부모를 존중하는 데 있어 유의해야 할 한 가지 요건은 퇴계가 밝힌 '이일분수'(理一分殊)의 원칙이다(이황, 성학십도, 서명). 이 원칙을 풀이하면, 여러 사람들로 이루어지는 사회관계에서는 자신과 다른 사람 사이에 원근(遠近, 멀고 가까움) 및 친소(親疎, 친근함과 소원함)의 차이가 있게 마련이다. 하지만 이러한 차이에도 불구하고 인(仁)의 표현인 사랑 및 존중의 원리에는 변함이 없으며, 이 원리에 따라 모든 사람들을 일관되게 존중하고 사랑해야 하는 것이다(금장태, 2001: 188; 김형호 외, 1997: 186-187).

위의 가르침은 부모·고령자를 돌보는 성인자녀, 사회복지사 등 돌봄서비스제공자(이하 '제공자')들이 명심해야 할 교훈이다.

다음은 제공자들이 명심해야 할 또 한 가지 교훈이다. 사람들의 생(生)의 만족을 결정하는 주요인은 다른 사람으로부터 존경을 받는 것이다(Ghusn et al., 1996; Sung & Dunkle, 2009). 존경을 받는 사람은 자기 자신을 중요시하고, 자신을 사회적으로 쓸모가 있다고 여기고, 사람들과 잘 어울리고, 돌보아주는 사람들과 협조적인 관계를 가진다(Reichel, 1995; Gambrill, 1983).

그렇기 때문에 제공자들은 헐벗고, 몸에서 냄새가 나는 고령자를 대할 때나, 손에 보석반지를 끼고 향수냄새를 품기는 이를 대할 때나, 다 같이 정답게 존중해주면서 측은지심으로 도와주려는 심정으로 대해야 한다. 즉, 인간중시적 가치를 발현하며 돌봄서비스를 제공하는 것이다.

위와 같은 사실을 보아 존중은 부모를 중요시하는 가치일 뿐만 아니라 이분들을 돌보는 데 있어 마땅히 지켜야 할 윤리적 규범이며 돌봄서비스를 제공하는 데 준수해야 할 실천준칙이라고 본다.

우리의 행동세계는 변하는 요인들이 무수하다. 그러나 사회적으로 지켜야 할 규범은 쉽게 변치 않는다. 부모자녀 관계는 변치 않는 아니 변할 수 없는 사람으로서 마땅히 지켜야 하는 도리(人倫)의 바탕인 것이다. 앞서 논한 바와 같이 사람이 마땅히 지켜야 하는 다섯 가지 윤리(五倫) 가운데서 기본이 되는 것은 부자 유친(父子有親)이다(손인수, 1976). 어느 시대, 어느 사회에서나 변할 수 없는 부모자녀 간의 친근한 관계이다. 이런 변할 수 없는 가치를 받들어온 우리에게 충격적인 일들이 일어나고 있다. 고령 자를 푸대접하고, 병약한 고령자를 저버리고 학대하는 비윤리적 사건들이 보고되고 있다. 고령자를 존중치 않는 사례들이다. 서양 에서는 오래전부터 이런 사례들이 보고되고 있다(Pillemer & Finkelhor, 1988; Levy, 1999; Payne, 2011). 우리나라에서도 이런 보고가 나오기 시작했다(김미해, 권금주, 2008; 권중돈, 2010; 김 보건복지부, 2011).

부모·고령자들의 대다수는 일평생 자녀를 돌보고, 기르고, 교 육시켰으며, 각자의 능력에 따라 가족, 사회, 국가를 위해서 기여 한 분들이다. 이분들이 고령기에 들어 신체적, 사회적, 경제적 사 정이 어려워져 도움이 필요할 때 정서적 및 수단적으로 돌보아 드린다는 것은 전통적 인간중시가치를 숭앙하는 우리의 문화적 맥락에서 당연하고도 올바른 일이라고 하지 않을 수 없다.

서양의 정신적 지도자들도 부모·고령자를 존중해야 함을 강 조하였다. 영국의 A. Toynbee경은 고령자에 대한 대접에 관해서 다음과 같이 말했다. "한 나라의 문명된 정도를 알려면 그 나라 에서 고령자들이 대접받는 것을 보면 된다." 이 말은 고령자에 대한 공동사회의 도의적 의무를 시사한 것이다. 그런데 이 의무 는 무엇보다도 이분들을 존경함으로써 수행할 수 있는 것이다. 기독교윤리의 대가 T. Aquinas(1981)는 다음과 같이 부모를 존경하는 데 대해 말했다. "나는 나의 부모님을 공경하는 의무를 수행해야 하는데 부모님에게는 나의 아이나 친구에게 하지 않아도 되는 존경을 해야 한다. 하나님을 제외하고 부모님은 우리를 이 세상에 존재케 하고 길러주신 분들이기 때문이다."

미국의 석학 A. Etzioni(1983: 94-109)는 미국의 개인주의사회가 지닌 고질적인 병리를 치유해야 함을 강조하면서 미국인은 상호성(mutuality)과 예(civility)를 재정립해서 실천해야 함을 호소하였다. 그의 상호성은 서로 돌보는 인간관계를 뜻하고, 예는 인간관계에서 서로를 존중함을 뜻한다고 본다.

변동하는 사회적 맥락에 처해 있는 우리도 이 서구의 지성인들의 가르침을 귀담아들어야 하겠다.

인간존엄성의 고양

부모님을 존중함은 이분들의 존엄성(尊嚴性)을 받든다는 뜻이 담겨 있다. 존엄하다 함은 존중되어야 할 타고난 권리가 있음을 말한다. 모든 사람은 연령, 성별, 종교, 인종, 사회적 계층에 무관하게 존중될 권리를 간직하고 있다는 것이다. 이러한 존엄성을 간직한 사람을 멸시하거나, 푸대접하거나, 억압하거나, 자유를 뺏거나, 생명을 해치면 아니 된다.

퇴계는 먼저 부모를 존중하며 돌보고(事親), 이어 형제와 우애롭게 사귀며(事兄弟), 다음으로 공동체성원을 돌보되(事公), 이 모든 것을 공평성으로써 실행해야 함을 가르쳤다(성학십도, 인설).

이 경우 공평성은 "자신과 가까운 사람이나 먼 사람이나, 친한 사람이나 모르는 사람이나, 은혜를 입은 사람이나 아닌 사람이나, 모든 사람이 공평무사하게 서로 존중함으로써 실현되는 가치이다"(도성달, 2012: 123).

따라서 존엄성 원칙은 모든 사람들에게 공평하게 적용되어야하는 엄중한 윤리적 규범이다. 퇴계가 그의 저서 성학십도(인설)에서 "생명을 온전하게 함양하고 육성함이 인(仁)의 시발"임을 밝힌 점은 바로 사람의 존엄성을 받들어야 함을 가르친 것이다.

퇴계의 가르침은 "하늘과 땅의 기를 받아 태어난 것들 중에서 사람이 가장 귀하다"는 효경(성치장 1)의 말과 뜻을 같이하며, 더욱이 사람의 귀중함 – 인간의 존엄성 – 을 받드는 고귀한 정신을 알려주고 있다(손인수 외, 1977: 123; 김낙진, 2004: 59).

인간존엄성은 인간중시가치를 천명하며 사회복지돌봄서비스, 의료서비스, 이웃봉사, 가족돌봄을 포함한 모든 사람돌봄과업에서 반드시 지켜져야 하는 엄중한 윤리적 규범이다(한국사회복지사협회윤리강령, 2012; NASW Code of Ethics, 2000; 일본사회복지사회윤리강령, 2006).

4

시대의 변화와 증대하는 복지욕구

놀라운 경제성장에 힘입어 인간중시적 가치에 기틀을 두는 사회복지 제도 및 프로그램은 발전을 거듭해왔다. 이러한 발전은 경제적 요인만으로는 충분히 설명하기 어렵다고 본다. 이 발전의 저변에는 국가재건에 참여한 역군에 대한 인간중시적 대우도 작용했을 것으로 믿는다. 발전과정에서 이러한 사람을 중요시하는 가치는 변함없이 성장의 뒷면에서 깊고 강력하게 작용했을 것이다.

한국인의 인간중시사상은 긴 역사적 흐름으로 이어져 왔다. 홍익인간 이념에서 발원된 인간중시사상은 신라, 고려 및 조선에서 포교된 불교와 유교의 교의를 거쳐 근세의 동학의 인내천사상, 그리고 근대에 선교된 기독교의 박애정신에 이르기까지 한국인의 인간을 존중하고 사랑하며 사회공동체의 복리를 추구하는 사상의 줄기찬 흐름으로 이어져왔다. 제2장에서 이 사상의 흐름을 밝혀본다.

전통적으로 가족은 자체성원들을 자력으로 돌보아왔다. 가족원들의 정서적 및 수단적 욕구를 가족 스스로가 충족해온 것이다. 효를 바탕으로 하는 세대 간 서로돌봄관행이 이러한 가족의 자체돌봄을 뒷받침하는 주된 힘이 되어왔다. 시대적 변화는 이러한 전통을 가진 우리에게 매우 벅찬 도전을 가하고 있다. 민주화에 따른 가족구조와 생활패턴의 변화와 더불어 경제적 불균형 및 개인의 준비부족으로 인하여 부모를 돌볼 기능을 수행치 못하는 가족 수가 늘고 있다(김영란 외, 2016; 권중돈, 2016; 김미혜 외, 2013).

이런 변동과 맞물려 사람들의 수명이 연장되고, 직장을 가진 여성과 남성이 늘어나고, 부모를 떠나 생활하는 성인자녀가 많아짐에 따라 부모와 의존적인 가족원을 돌보는 손길이 줄어들고 있다. 게다가 고령화가 심화됨에 따라 각종 신체적 및 정신적 질환을 앓는 부모·고령자 수가 늘어나고 있다. 이분들을 위한 전문적 의료적 및 사회심리적 치료가 긴요하다. 다수 부모·고령자들은 이러한 가족 바깥의 공적돌봄을 필요로 하고 있다. 즉, 이중적인 욕구를 충족해야 한다.

시대의 변천에 따라 우리나라에서도 가족과 국가 어느 편이 고령자돌봄에 대한 책임을 더 져야 하느냐의 과제를 두고 논란이 거듭되고 있다. 다행히 가족 스스로 부모를 돌볼 수가 없거나 돌보기가 어려울 경우에는 가족 바깥의 국가사회가 주도하는 잔여적(殘餘的) 공적돌봄을 제한적이나마 활용할 수 있게 되었다. 국가사회로부터 도움을 받아 부모를 돌볼 수 있는 시대적 변화가 온 것이다.

정부자료에 의하면 다수 고령자들은 사회복지돌봄을 받기를 원하고 있다. 이 공적돌봄을 원하는 고령자 수는 해마다 늘고 있다. 즉, 이런 욕구를 가진 고령자 수는 2007년에 전체 고령자 수의 77%였던 것이 2013년에는 93%로 늘었다(통계청사회조사, 2008-2014; 유인영, 조소영, 2003). 이 자료는 적어도 3가지의 뜻을 함축하고 있다고 본다(권중돈, 2016). 첫째, 고령자가 필요로 하는 돌봄서비스를 가족이 충분히 제공하지 못한다는 것이고, 둘째, 그동안 고령자들의 공적인 사회복지돌봄서비스에 대한 정보와 지식이 늘었다는 것이며, 셋째, 고령자들의 사회복지서비스에 대한 잠재적 수요가 많아졌다는 것이다. 이 잠재적 수요는 고령자의 연령, 성별, 교육정도, 거주지역에 상관없이 일관되게 높다.

정부는 노인복지정책을 속도가 느리지만 실행하고 있다. 생활사정이 어려운 사적집단의 자체돌봄능력을 증대하기 위하여 노인부양책임법, 장기요양법, 효행장려법 등 법을 제정하여 기초생활보장(생계급여, 의료급여, 노령수당, 장애인지원 등)을 하며, 세금을 감해주고, 민간단체를 지원하여 노인복지관, 노인요양원, 노인병원, 치매노인요양원을 증설하고, 사회복지돌봄서비스, 거택보호, 시설보호, 평생교육을 제공하고, 여가프로그램을 개발하며, 노인일자리 마련, 자원봉사활동, 인성교육 등을 추진하고 있다.

그러나 정부의 힘만으로는 성인자녀와 가족을 중심으로 하는 사적집단에게 충분한 지원을 하기가 어렵다. 이 때문에 국가사회주도의 공적돌봄과 가족중심의 사적돌봄을 연계해서 종합적인 부모·고령자돌봄서비스를 제공할 필요성이 커지고 있다.

앞으로 한국은 두 가지로 부모·고령자돌봄욕구를 충족해나가는 방향을 잡아야 할 것으로 본다. 하나는 가족을 중심으로 하는 사적돌봄 능력을 기르는 것이고, 다른 하나는 부모·고령자를 위한 국가의 사회보장제도하의 공적돌봄을 확장하는 것이다. 그리하여 이러한 사적 노력과 공적 노력이 통합되어 포괄적인 부모·고령자돌봄 체제를 이룩하는 것이다.

5

사적집단과 공적조직의 부모돌봄

부모를 돌보는 의무를 가족과 국가사회가 공동으로 져야만 한다는 소리가 높아지고 있다. 사적돌봄과 공적돌봄이 연계되어 제공되기를 원하고 있는 것이다. 다수 부모를 위해 두 가지의 돌봄이 모두 필요하기 때문이다. 이러한 시대적 요청을 감안하여 사적돌봄과 공적돌봄의 장점(유효성)과 단점(제한점)에 대하여 제2, 3장에서 경험적 자료를 바탕으로 비교, 논의하고자 한다. 위에서 지적한 바와 같이 사적집단은 부모를 가족중심으로 인간중시적 가치를 발현하며 돌보며 공적조직은 국가사회주도하에 기술중심으로 돌본다. 이러한 차이점을 감안하면서 양편의 특성을 살펴보고자 한다.

사적집단의 특성

사적집단의 성원들은 출생 및 혼인으로 자동적으로 성원이 되어 영구적 관계를 이룬다. 이들은 경제적 보수를 바라지 않고 애정, 존중, 측은지심의 인간적 정(情)으로써 서로를 돌보아나간다. 이들은 친밀한 인간관계를 유지하며 고령자, 어린이, 장애인 등 약자를 돌보는 데 가장 중요한 역할을 하는 소집단을 이룬다. 이러한 친밀한 관계 속에서 앞서 거론한 효(孝 부모를 받들어 돌봄)와 자(慈 자녀를 사랑으로 돌봄)의 원리를 따라 세대 간 서로 돌보는 호혜적(互惠的) 관계가 이루어진다.

[주: 가족주의적 성향을 지적하는 친척중시태도가 여전히 널리 퍼져 있다(최재석, 2009; 이광규, 1981; 김영범, 박준식, 2004; 최연실 외, 2015: 38-39). 친척은 사회적 돌봄망을 형성하여 서로돌봄체계를 이룬다(김낙진, 2004: 48). 혈연으로 엉켜진 친척이 서로 돌보는 공동체를 이룬다는 것은 고령자복지를 위해서 매우 중요하다.]

우리 문화에서는 사적집단의 존중과 애정으로 이루어지는 인간중시적 돌봄이 다른 문화에 비하여 더 드러난다. 퇴계가 창도한 부모돌봄의 기본정신은 바로 이러한 인간중시적 돌봄의 특성을 함축하고 있다.

사적집단은 또한 다음과 같은 돌봄방식을 적용하는 성향이 강하다. '예측할 수 없이 돌발적으로 일어나는' 문제가 발생할 때 이에 직시 대응해서 돌보는 능력을 간직하고 있다. 즉, 가족과 친척 그리고 가까운 친구와 이웃은 노부모가 돌발적인 문제 - 재해, 급환, 사고 - 를 당할 때 제일 먼저 개입해서 응급적 돌봄을 해준다. 그리고 나서 외부의 공적조직 - 병원, 진료소, 구호소, 상담소, 복지관 등 - 에 연락을 취하고, 교통편을 마련해서 그곳으로 데려가 기술중심적 돌봄을 받도록 한다. 사적집단은 가족 내에서 부모가 부딪치는 위와 같은 우발적으로 발생하는 균일화할 수 없는 잡다한 문제들을 일상생활 속에서 풀어나간다.

예로 심장마비를 일으킨 고령자의 경우를 들 수 있다. 이런 병환은 우발적으로 발생하며 예측불가능하다. 갑작스럽게 일어나는 이런 병환을 앓는 노환자를 사적집단은 위와 같이 발생초기에 돌볼 수 있다. 이런 사적집단이 하는 응급돌봄은 공적조직인 병원의 의사, 간호사, 마취사 등이 미처 하지 못하는 것이다. 위와 같은 돌발적으로 일어나는 문제는 균일화할 수 없으며 그때그때의 사람 대 사람의 개별적 접촉에 의해서 다룰 수 있다. 이런 문제는 대규모의 공적조직보다도 인간중시적 정으로 움직이는 소규모의 사적집단이 더 잘할 수 있다. 이 경우 금전적인 동기화보다도 내면화된 존중, 애정, 측은지심이 더 중요한 돌봄동기가 된다. 사적집단이 갖춘 인간중시적 속성이고 장점이다. 일반적으로 사적집단이 하는 돌봄은 노동구분과 균일화를 할 필요가 없다. 이런 돌봄에 속하는 존중하고 사랑하기, 관심과 위안, 가사돌보기, 시장보기, 취사·급식, 옷입히기, 세탁, 목욕, 요양보호 등 부모의 일상생활을 위해 제공하는 잡다한 돌봄은 부모의 삶을 유지하는 데 긴요하다.

하지만 사적집단의 단점은 전문적 기술, 장비 및 시설을 갖추어 많은 노부모들에게 기술중심적 돌봄을 하지 못하는 것이다. 사적집단은 이러한 단점이 있음에도 불구하고 공적조직의 목적을 달성토록 하는 데 절실히 필요하다. 즉, 노인요양원, 사회복지관, 보건의료시설, 보육원, 학교 등 사람을 돌보는 모든 공적조직들은 사적집단의 첨여가 없이는 운영이 불가능하다. 이러한 실상을 증명하듯이 조사자료는 공적조직의 돌봄활동이 증대하였음에도 불구하고 다수 고령자들은 여전히 가족(사적집단)의 돌봄을 선호하고 있음을 밝히고 있다(이승호, 신유미, 2018).

우리는 여전히 사적집단 중심의 정으로 이루어진 인간중시적 돌봄을 즐기고 있다. 이러한 한국인의 정관계에 대하여 제2장에서 논한다.

공적조직의 특성

현대사회는 가족 바깥에서 사람들에게 봉사하는 인간봉사조직(人間奉仕組織) - 공적조직 - 을 포용하고 있다. 이 공적조직은 고령자를 돌보는데 필요한 기술과 지식, 그리고 장비와 시설은 갖추어 오늘날 그 필요성이 증대하는 기술중심적 돌봄서비스를 제공한다. 각종 생물학적 및 사회심리적 질환을 가진 고령자가 필요로 하는 기술중심의 돌봄이다. 이러한 돌봄은 공적조직 세팅에서 위계적 통제를 하고, 구성원들을 세분된 부서에 배치하고, 그 부서애 대한 전문적 지식을 갖추도록 하고, 정해진 규칙에 따라 돌봄절차를 표준화하고, 돌봄방식을 균일화하고, 업무실적(생산성)을 평가하면서 다수 고령자들에게 인간적 정실보다도 생산성(업무실적)을 높이는 합리적 방향으로 제공되고 있다. 이 모두가 관료제의 속성이다(Weber, 1962; Hasenfeld, 1992; 오세영, 2018).

사회복지, 보건의료, 요양보호, 교육, 환경개선 등 분야에 걸쳐 다양한 유형의 돌봄서비스를 다수에게 제공하는 공적조직들의 경우가 그러하다. 즉, 다수의 사회복지시설(공적조직)들은 위와 같은 관료제 속성을 정도의 차이는 있지만 지니고 있다. 이런 속성을 지닌 공적조직의 세팅에서는 구성원들이 서로 친밀하게 접촉, 교류하는 기회가 줄어들고, 인간적 정을 섞지 않는 비정실적 관계를 중시하게 된다(오세영, 2018: 191-196). 정보다는 물질적인 금전을 가지고 작업동기화를 이룩한다. 조직운영의 합리성을 중시한다. 이렇기 때문에 공적조직은 일반적으로 사적집단이 간직하는 인간존중과 인간애와 같은 인간중시적 가치를 높게 발현하지 못하는 단점을 가지게 된다. 제3장에서 공식조직의 이러한 단점에 대해 논의한다.

위와 같은 사적집단과 공적조직의 돌봄과 관련된 특성을 다음과 같이 간략하게 구별해볼 수 있다. 공적조직의 돌봄서비스 제공자들은 아래와 같은 성질의 돌봄을 수행하는데 익숙하다.

공적조직의 돌봄

* 기술중심적 돌봄
* 다수를 위한 돌봄
* 예측할 수 있는 (비우발적) 문제에 대한 돌봄
* 균일화된 돌봄

그리고 사적집단 성원들은 다음과 같은 성질의 돌봄을 수행하는 장점을 지닌다.

사적집단의 돌봄

* 인간중시적 돌봄
* 개별화된 소수를 위한 돌봄
* 예측할 수 없는 (우발적) 문제에 대한 돌봄
* 비균일화된 잡다한 돌봄

[주: E. Litwak(1985) 교수는 돌봄서비스의 유형을 '균일화'와 '우발성'의 범주로 구분하였다.]

위와 같은 사적집단과 공적조직의 대조되는 또는 갈등을 자아내는 속성은 현대사회에서 우리가 부딪치고 있는 하나의 딜레마라고 볼 수 있다. 사적집단과 공적조직의 이러한 대조적 특성을 감안하여 이 두 주체들이 제공하는 돌봄서비스가 어떠한 형식과 방향으로 제공되는가에 대한 식별작업을 할 필요가 있다. 인간중시적 돌봄 대 기술중심적 돌봄; 개별적으로 소수를 위한 돌봄 대 대규모로 다수를 위한 돌봄; 비균일화되고 예측할 수 없는 문제에 대한 돌봄 대 균일화되고 예측할 수 있는 문제에 대한 돌봄 등과 같은 구별을 해서 부모·고령자의 needs에 맞는 돌봄서비스를 식별할 필요가 있다.

제3장에서 노인요양원과 노인복지관의 보기를 들어 이와 같은 식별을 해보고자 한다.

공동의 목표

사적집단과 공적조직의 대조적인 속성은 서로 간에 갈등을 자아낼 수 있다. 하지만 이들은 다 같이 공동으로 부모의 존엄성을 받들며 이분들의 삶의 질을 향상하고 복지를 증진하는 필요불가결한 역할을 수행해야 한다. 따라서 양자가 지니는 상이하면서도 긴요한 속성은 각자 보존, 유지되어야만 한다. 그럼으로써 제각기 장점을 간직해나가며 이를 발휘해서 위와 같은 공동의 목표를 달성할 수 있는 것이다. 따라서 서로를 연계해서 각자의 장점을 종합적으로 발휘하도록 조정해야 한다.

<u>6</u>

공적돌봄과 사적돌봄의 연계

두 가지 돌봄을 연계해서 협치의 묘를 이룩하도록 해야 한다. 이를 위해 다음 사항을 실행해야 한다고 본다. 첫째, 공적돌봄과 사적돌봄 사이에 거리를 두어 각자의 장점을 유지, 보존하면서 필요에 따라 이를 연계, 협치하도록 한다. 둘째, 사적돌봄과 공적돌봄의 단점을 수정, 보완한다. 이러한 수정, 보완에 관하여 제4장에서 논의한다.

E. Litwak(1985) 교수는 가족의 구조와 가족 바깥 관료제적인 서비스전달체계(공식조직)를 알맞게 결합시키는 방안을 제시하였다. 이 방안에 따르면 가족이 제공하는 사적돌봄을 가족 바깥의 정부와 사회체계가 제공하는 공적돌봄으로 보완 내지 강화할 수 있다. 이런 상호보완적 관계를 유지하며 사적집단인 가족의 돌봄역할을 빼앗지 않으면서 이를 공적조직의 공적돌봄으로 보완하여 종합적 고령자돌봄을 하도록 유도할 수 있다. 우리도 이런 방안을 시도해볼 필요가 있다고 본다.

사적집단은 기술중심적(수단적) 돌봄을 하는 데는 한계가 있으나 인간중시적(정서적) 돌봄을 하는 데는 강하다. 우리는 소득, 건강, 주택, 레크리에이션, 재활서비스, 고용, 사회서비스, 세금감면 등 고령자를 위한 수단적 돌봄을 강조하고 있다. 하지만 정서적 차원 – 존중, 애정, 정실 – 에도 더 많은 관심을 기울여야 하겠다. 우리의 생활수준이 향상될수록 인간중시적인 정서적 돌봄의 필요성은 더 커질 것으로 본다. 이러한 논의는 공적돌봄과 사적돌봄을 연계할 필요성을 제기하게 된다. 제4장에서 이러한 연계에 대한 논의를 한다.

우선 사적돌봄과 공적돌봄이 연계된 한 가지 사례를 들어 보고자 한다. 우리나라에 도입된 지역사회돌봄(Community Care, 이하 CC)의 사례이다(복지저널, 2018: 5 & 10). 이 CC의 주목적은 고령자로 하여금 가족이 사는 낯익은 지역사회에서 치료, 재활, 요양보호 및 사회복지돌봄을 받을 수 있게 하고, 병원과 요양원과 같은 공적조직에서는 지역사회에서 받을 수 없는 돌봄을 받도록 하는 데 있다. 가족과 병원 및 요양원(공적조직) 사이의 '중간' 돌봄시설을 마련하고, 병원이나 요양시설에서 퇴원, 퇴소(탈시설 脫施設)를 희망하는 고령자들이 낯익은 고장에서 따뜻하고 인정어린 돌봄서비스를 받으면서 자립, 재활하도록 하려는 것이다.

CC의 특징은 인간중시적 가치가 그 체계 속으로 녹아들어가 고령자를 존중과 애정 그리고 측은지심으로 돌보는 데 있다. CC에 관해서 제4장에서 다시 논의하고자 한다. CC의 목적은 다시 말해서 가족중심의 사적집단과 요양원, 병원, 재활원 등 공적조직의 중간에서 양편의 돌봄을 연계, 종합해서 받을 수 있게 하는 것이다. 공적조직(병원, 장기요양시설 등)에서 벗어나, 즉 탈시설하여, 사적집단(가족, 친척, 이웃, 낯익은 고장)에 돌아와서 인간중시적인 돌봄을 받게 하는 것이다.

앞서 지적한 바와 같이 자체의 능력만으로는 고령이고 장애가 있는 가족원들을 보호부양하지 못하는 가족들이 많아지고 있다. 그리고 가족들은 부양에 관한 전문적 지식이 없거나 부족하고 현대적 돌봄에 필요한 기술과 시설을 갖추고 있지 않다. 병약한 부모가 필요로 하는 전문적 서비스(예: 의료진찰 및 시술, 사회심리적 상담, 가족치료, 직업재활, 간병자교육 등)는 공식조직의 전문인으로부터 받아야 한다. 특히 사회적으로 불리한 생활조건하에서 부모를 돌보는 가족들은 이러한 공적돌봄을 더 필요로 한다. 이 사실은 가족중심의 부모돌봄(효)의 약점을 알려준다.

이와 같은 약점을 보완하기 위해 국가사회는 공적 돌봄서비스를 제공해야 한다. 이상적으로는 CC와 같이 가족중심의 사적돌봄과 국가사회의 공적돌봄을 적절히 연계함으로써 부모·고령자의 복지를 증진하는 것이다. 아무튼 정부의 힘만으로는 핵가족과 분산된 가족에 속하는 부모에게 충분한 지원을 하기가 어렵다. CC와 같이 정부주도의 공적돌봄과 가족·이웃중심의 사적돌봄이 연계되어야 한다. 퇴계가 입조해서 운영한 향약(鄕約)과 같은 가족 및 지역주민 주도의 자주적이고 자치적인 서로돌봄을 위한 종합적인 지역중심의 복지체계가 21세기의 오늘에도 절실히 필요한 실정이다(나병균, 1985; 성규탁, 2017).

발전도상에 있는 우리의 사회복지제도를 보완하는데 사적집단을 이루는 가족과 이웃공동체가 커다란 역할을 할 수 있다는 사실을 우리는 재인식할 필요가 있다. 사실 오늘날 서양의 복지국가들은 국가의 사회보장제도만으로는 늘어나는 사회복지욕구를 충족하기 어려워져 "가족 하나하나가 자체의 성원들을 최대한으로 도와 나감으로써 재정적으로 어려워진 국가를 도와야 한다"
고 호소하고 있다.

영국의 사회보장제도를 꾸민 A. Beveridge경은 다음과 같이 '국
가 대 개인' 역할에 대해서 언급하였다(The Beveridge Report &
The Postwar Reforms, 1942).

> "국가가 개인의 생활비를 충당해줄 수 있다. 그러나 시민도
> 국가가 수행하는 이러한 책임에 버금가는 노력을 해서 자신
> 의 수입을 올릴 책임이 있다."

이 말은 국가만이 개개 시민의 복리를 다 충족할 수 없으며,
개인과 국가가 함께 힘을 합쳐 사회복지를 이룩해나가야 한다는
요지의 타이름 내지 권고라고 볼 수 있다. 즉, 개인과 가족(사적
집단)의 자체돌봄능력을 증대해서 국가의 부담을 줄여줄 필요가
있음을 지적한 것이다.

20세기에 들어 사회복지에 대한 책임을 개인의 책임으로 돌리는
경향이 전 세계적으로 드러나고 있다. 지속되는 경제적 위기가 복
지문제를 국가중심에서 개인중심으로 다루게 된 주요인이 되고 있
다. 이 사실은 Beveridge경의 사회보장에 대한 견해를 상시시킨다.

하지만 우리가 다루는 사회복지돌봄은 어디까지나 부모와 의
존적인 가족원을 돌보는 데 있어 가족이 가지는 단점을 보완해
주는 데 그 목표를 두어야 하며, 결코 가족의 돌봄기능을 빼앗는
방향으로 가서는 안 된다. 오히려 가족의 자체돌봄기능을 강화하
는 데 힘써야만 하는 것이다.

연계방안

우리의 과제는 이 두 주체들이 차이를 극복하여 서로를 연계하는 묘를 이루는 것이다. 부모·고령자를 위한 종합적 사회복지를 이룩하기 위해서는 이런 연계작업이 불가결하다. 우리가 다시 조명해야 할 사실은 사적집단과 공적조직은 서로 상대방의 단점을 보완하면서 서로에게 필요한 역할을 해야만 한다는 사실이다. 이런 목적을 지향하여 사적집단과 공적조직을 연계하여 서로의 차이를 줄여 협동하며 상대방의 장점을 활용하면서 각자의 단점을 수정, 보완하는 작업을 할 수 있다고 본다. 물론 가족이 정상적인 돌봄기능을 수행하고 공적조직이 사적집단이 필요로 하는 돌봄을 할 수 있다는 전제하에 이 관계를 이룩하려는 것이다.

두 주체들을 연계하되 양측이 각기 간직하는 고유한 특성을 손상하지 않는 범위 내에서 이루어야 한다. 그럼으로써 각자의 장점을 고도로 발휘하는 태세를 갖출 수 있다. 즉, 공적조직에 속하는 전문인은 예측할 수 있는 균일화된 기술중심의 돌봄서비스를 다수 부모에게 제공하고, 사적집단의 비전문인은 우발적이며 비균일화된 돌봄서비스를 인간중시적으로 소수 노부모에게 개별적으로 제공하는 것이 바람직하다.

따라서 이 두 주체들이 각자가 잘할 수 있는 업무를 수행함으로써 부모의 삶의 질을 높이고 복리를 최대한으로 이룩할 수 있는 것이다.

제4장에서 연계를 위한 구체적 방법을 제시하고 이 방법의 장단점을 논의하고자 한다.

공적조직 속성의 수정

공적조직의 속성을 수정함으로써 사적집단과의 차이를 줄일 수 있다. 공적조직은 비정실적, 위계적 및 규칙지향적 속성을 가졌지만 이를 인간중시적인 속성을 가진 조직으로 조정, 변화할 수도 있다고 본다. 사회조직이 이렇게 복수적인 행정스타일을 가질 수 있음을 연구자들은 시인하고 있다(오석홍, 2016; Hasenfeld, 2017: Chap. 6; Litwak, 1985). 이렇게 조직속성이 조정될 수 있기 때문에 공적조직과 사적집단의 관계를 양극적으로 대립된 것으로 볼 수 없다. 이런 조정을 통해서 양자는 서로 돌보는 협동관계를 이룰 수 있음을 인증해야 한다.

공적조직을 사적집단에 가깝도록 조정하면, 전자와 후자 간의 차이는 감소될 수 있다고 본다. 하지만 사적집단 쪽으로 과도하게 이전한다면 공적조직의 힘이 되는 전문적 기술을 바탕으로 하는 돌봄이 약화될 수 있고 사적집단이 공적조직 쪽으로 과도하게 접근한다면 인간중시적 돌봄이 약화될 수 있다고 본다.

이렇게 양자의 고유한 힘(장점)을 보존하는 이유는 이 힘이 가족중심의 사적조직 성원들의 삶의 질을 높이고 복지를 증진하는데 투입, 적용해야 하기 때문이다. 즉, 양자의 힘을 사적조직을 위해 바람직하게 활용하려는 것이다. 다시 말해서 공적조직의 설립목적은 사적조직의 복리를 증진함이고, 사적집단의 목표는 공적조직의 돌봄을 받아 자체의 돌봄능력을 증진해서 보다 나은 생활을 이룩하는 것이다.

7

부모돌봄과 인간중시적 가치

부모를 돌보는 과업은 앞서 퇴계와 선현들이 밝힌 바와 같이 마땅히 존중과 애정을 바탕으로 하는 인간중시적 가치를 준수하며 실행되어야 한다. 이러한 가치를 따라 돌봄을 제공한다는 것은 전통적 효의 기본인 부모에 대한 존중과 애정을 실현하는 것이다. 이와 같은 실현을 하는 데 적용되어야 하는 가장 중요한 것은 인간존엄성을 받드는 것이다. 그런데 인간존엄성은 서양문화에서 기원한 가치라고 보는 사람들이 있다. 사실은 그렇지가 않다. 이 가치는 다음 장에서 밝히는 바와 같이 우리의 고유한 전통문화 속에서 오랫동안 실존해온 문화적 자산이다.

고령자복지는 이러한 기본적인 가치를 받들며 부모·고령자가 존중받으며 고도의 삶의 질을 즐기고 만족스럽게 생활하도록 이분들의 개인적 및 사회적 조건을 조정, 개선해서 기초적 욕구를 충족하도록 함으로써 이룩될 수 있다고 본다.

날이 갈수록 가족의 인간중시적 가치로 제공하는 사적돌봄과 기술중심적으로 제공하는 공적돌봄을 연계할 필요성이 증대하고 있다. 이와 아울러 인간중시적 가치를 받들며 이 두 가지 돌봄의 장점을 결합해서 부모에게 종합적 돌봄서비스를 제공하는 노력이 가중되어야 하겠다. 사적집단과 공적조직은 모두 한국의 문화적 맥락에서 운영된다. 따라서 우리의 고유한 문화적 가치인 인간중시적 가치를 받들며 사람존중 나아가 사람존엄성을 고양하면서 운영되어야 한다.

2장

사적집단의
인간중시적 돌봄

1
사적집단의 특성

　가족을 중심으로 하는 사적집단의 부모돌봄(효행) 능력이 약화
되는 사례가 많아짐에 따라 국가사회 지원으로 제공되는 공적돌
봄의 필요성이 커지고 있다. 하지만 사람들의 가족에 대한 가치
관과 관행의 측면에서는 여전히 효의 전통을 유지하는 경향이다.
다수 가족들은 가족중심적 가치관과 노소세대가 서로 돌보는 관
행을 지속하고 있다(최정혜, 1998; 성규탁, 2017). 젊은 세대에서
도 부모와 가족에 대한 태도나 행동에서 이러한 가치관과 관행
이 드러나 보인다(최연실 외, 2015: 38-40; 조지현, 오세균, 양철
호, 2012; 이준우, 서문진희, 2016).

　사적집단을 이루는 부모를 중심으로 하는 자녀 및 부부, 형제
자매, 친척, 그리고 가까운 친구와 이웃은 친밀한 관계를 가지면
서 서로 의존하며 돌보아나가는 성향이 짙다. 이 집단은 정(情)으
로 찬 유대관계를 간직한다. 부모의 핵가족, 아들의 핵가족, 딸의
핵가족, 손자녀의 핵가족들이 떨어져 살면서도 서로 연계되어 가
족망을 이루고, 이 망 안에서 존중과 애정의 인간중시적 가치를
발현하며 서로 돌보아나간다(한상진, 2006; 김낙진, 2004: 63; 김
영범, 박중식, 2004).

핵가족화, 가족법개정, 저출산, 고령화 등의 변화는 가족생활에 큰 영향을 미치고 있다. 하지만 사람들은 가족에 대한 관심 내지 애착이 강하여, 위와 같은 가치를 받들며 가족의 번영, 명예, 영속을 중시하는 성향을 간직하고 있다(최상진, 2012: 15; 최문형, 2004; 신용하, 2004). 사적집단의 부모를 위한 돌봄서비스는 이러한 가치를 발현하는 우리의 사회문화적 맥락에서 실행되고 있다.

사적집단의 중심: 부모자녀관계

한국문화는 인간관계를 중요시하는 문화이다. 유교사상은 한국인의 인간관계에 커다란 영향을 끼쳤다. 유교의 중심적 이념인 인(仁)은 인간애와 인간존중을 창도하는 사상으로서 오랜 세월 동안 한국인의 사고방식과 행동양식을 이끌어왔다. 특히 인을 발현하는 방법으로서 앞장에서 논한 효(孝, 부모돌봄)와 자(慈, 자녀돌봄)는 부모와 자녀가 서로 존중하고 사랑하며 돌보는 인간중시적 관행의 바탕을 이룬다. 유교의 기본적 가르침인 오륜(五倫)은 이러한 인을 발현하는 부모자녀관계가 형제자매, 부부관계 및 친구관계로 확장되어야 함을 가르치고 있다(손인수, 1976).

새 기술이 출현하여 산업방식이 변하고 생활양식이 달라졌지만 변치 않는, 아니 변할 수 없는 사실이 있다. 그것은 부모와 자녀 간의 서로 돌보는 관계이다. 앞장에서 이 관계의 특수함을 밝혀보았다. 가족법과 혼인법이 개정되어 장자승계, 재산상속 등 가족생활의 전통적 방식이 달라지기는 했지만, 부모자녀 간 서로 돌보는 관행은 변치 않고 지속되고 있다(최재석, 2009; 신용하,

2004). 부모자녀관계는 깊은 정(情)을 바탕에 깔고 있다. 이런 관계가 사회성원들에게 내면화됨으로써 한국인 고유의 '정공간'이 이루어진 것이다(이수원, 1984: 122). 정을 발현하는 대표적인 공간으로서 부모자녀중심의 가족을 들 수 있다. 가족은 혈연관계와 가족윤리를 근본으로 삼는다. 한국인은 이런 관계와 윤리를 바탕으로 가족에 대한 애착 내지 관심을 우선하며 가족의 번영과 명예를 소중히 여긴다(최연실 외, 2015; 최문형, 2004).

한국인은 개인주의적 자기지향보다는 가족을 포함한 사적집단에 속하면서 가족주의적 '우리'의식을 가지고 가족원들과 상호의존하면서 서로돌보는 '나'를 실현하는 성향을 갖는다(김낙진, 2004; 송성자, 1997; 엄예선, 1994). 부모자녀를 중심으로 하는 사적집단 성원들이 간직하는 특성이라고 본다.

[주: 가족적 자아의 개념은 "나"가 속해 있는 "큰 나"의 집단 신념과 흡사하며(오세철, 1982: 41) 가족원들 간의 밀접한 정서적 관계망 안에 담겨 있다. 이 자아는 보다 넓은 공동사회에서 공생(共生, simbiosis)하면서 교호적 관계를 지향하는 우리로 확장된다(Roland, 1989).]

2
사적돌봄 제공자

부모와 자녀

위와 같은 사적집단 안의 우리는 문화적으로 권장하는 고령자를 존중(敬老)하고 부모에게 효를 하며 사회적 예의를 지키는 집단이다(손인수, 1976; 엄예선, 1994; Roland, 1989). 이렇게 경로와 효행을 하며 예의를 지키는 자아는 부모와 자녀 간에 생애주기에 따라 진행되는 돌봄과정을 보면 알 수 있다.

어린이는 부모로부터 의식주를 비롯한 일용품, 탁아, 병간호 등 물질적 돌봄을 받으면서 전적으로 부모에게 의존하면서 자란다. 이들은 소년 – 청년기에 들어서도 자기존중, 자기신뢰, 애정관계를 높이려고 가족원들에게 의존한다(김경희, 2003; Simmel, 2008). 한편 부모는 고령기에 접어들어 사회적 및 신체적으로 어려워지면 자녀에게 의존하게 된다. 위와 같이 유아기와 노년기에는 생존 그 자체를 위해 부모자녀 간에 상호의존적인 서로돌봄 관계가 이루어진다.

노년기의 부모는 자녀의 핵가족들, 손자녀의 핵가족들, 친척의 핵가족들로 이루어진 가족망 안에서 발전된 통신 및 교통망을 통해 긴밀히 상호 연계되어 필요할 때 돌봄을 받는다. 어려움을 당해 자기 능력으로 해결 못 하는 병약한 부모를 돌본다는 것은 어느 문화에서나 지켜야 할 윤리적 규범이다. 특정한 문화적 맥락에서는 부모와 성인자녀 간의 의존정도가 더 높고 그러한 규범도 비교적 더 강하게 지켜지고 있다. 한국을 포함한 동아시아 나라들의 경우가 그러하다(신용하, 2004; Streib, 1987; DeVos, 1988). 대다수 부모들은 노년기에 들어 건강을 잃고, 소득이 없어지고, 배우자가 사망하고, 친구들이 세상을 떠남에 따라 성인자녀에게, 흔히 본의 아니게, 의존하는 처지에 놓이게 된다. 즉, 여러 해에 걸쳐 자녀의 의존을 받아주던 관계에서 이제는 그들에게 의존하는 처지로 전환하는 것이다.

통계자료에 의하면, 고령자의 연령이 높아져 의존성이 증가할수록 자녀와 동거하는 비율은 높아진다(65-69세 동거 23%; 70-79세 동거 33%; 80세 또는 이상 동거 42%)(권중돈, 2004: 287; 2016: 222). 이 자료가 시사하듯이 다수의 성인자녀는 의존적인 부모의 사정을 수렴하고 자녀의 의무로서 이분들을 돌보는 경향이다(한국갤럽, 2011. 01. 31; 김미혜 외, 2015; 이준우, 서문진희, 2016).

한국인의 다수(79%)는 고령기에 자녀와 함께 살 의사가 없다는 의견을 표시한다는 조사자료가 있다(보건복지부, 2013). 하지만 이런 자료는 부모가 비교적 젊고 건강할 때 가질 수 있는 희망적인 면을 알리는 것이라고 본다. 고령기에 접어들면 이러한 희망은 현실적으로 달라지는 것으로 보인다. 우리나라 고령자들의 대다수는 자원해서 또는 본의 아니게 자녀로부터 다소간의 정서적 및 수단적 도움을 받고 있다(김미혜 외, 2015). 저자의 사회적 지원망 조사에 의하면, 고령자의 91%가 어려울 때 제일 먼저 찾는 곳이 가족이다(성규탁, 2016). 그리고 성인자녀와 멀리 떨어져 사는 부모들의 다수가 병약해지면 자녀와 가까운 곳으로 이사하거나 이들과 동거하게 된다(권중돈, 2016). 의존을 병으로 보는 서양사회에서도 대다수 노부모들은 병약해지면 성인자녀와 함께 살거나 그들 가까이로 옮겨와 여생을 보낸다(Lewis, 1990). 이러한 동서양의 실상을 보아 부모와 자녀 간의 상호의존하면서 서로돌보는 관계는, 특히 고령기에 들어선 부모에게는, 자연적인 또는 부득이한 현상이라고 볼 수 있다. 다만 의존하는 정도의 높고 낮음, 그 기간의 길고 짧음, 그리고 정서적 돌봄과 수단적 돌봄의 어느 것을 더 많이 또는 적게 필요로 하는가의 차이가 있을 따름이다.

유아기와 성장기에 부모가 제공하는 돌봄에 전적으로 의존하며 자라난 자녀는 이제 고령의 부모를 돌보는 역할을 수행하게 된다. 생애주기에 따른 사적집단의 돌봄역할의 전환이 일어나는 것이다. 이러한 생애주기에 따른 변동이 있기는 하나 부모와 자녀는 서로돌봄관계를 지속한다. 그리하여 고령의 부모(조부모도 물론)가 일단 돌봄이 필요하게 되면 제일 먼저 (손)자녀를 찾아 돌봄의 손길을 기대하게 된다. 사회적 지원망에 대한 저자의 조사에서도 이와 같은 결과가 나왔다(성규탁, 2016). 자녀의 핵가족과 부모의 핵가족이 사회적 망을 이루어 상호 의존하면서 서로 돌보아나가는 것이다(김영범, 박준식, 2004; 성규탁, 2017).

사적집단의 자체돌봄의 실상이고 장점이다. 앞서 소개한 딸이 어려움에 처한 노부모를 자기 집으로 모셔와 존중과 애정으로 극진히 돌보아 이분들이 보람 있는 여생을 보내도록 한 미담을 생각하게 된다.

형제자매, 부부, 친척

한국인의 전통윤리의 덕목은 가정을 중심으로 하는 사적집단 성원들의 인간관계에서 시발한다. 이 관계는 부모와 성인자녀, 형제와 자매, 그리고 친척과의 관계를 포함한다(최상진, 2012; 최연실 외, 2015: 38-39). 퇴계는 형제 간 우의도 부자 간 효와 같이 인을 발현하는 덕목임을 밝혔다(이황, 성학십도, 인설). 퇴계는 "무릇 천하의 나이 많은 사람은 모두 내 집안의 어른인데, 내 어찌 형을 섬기는 마음으로 미루어 그를 섬기지 않을 수 있겠는가"라고 하여 가정의 형제관계를 사회의 모든 인간관계로 확장하였다(금장태, 2001: 228; 퇴계선생언행록, 권2 處鄕).

[형제자매]

형제자매 간의 윤리를 형우제공(兄友弟恭)이라고 하여 형과 누이는 동생과 아우를 우의로써 돌보며, 아우는 형을 부모처럼 존중하고 따르며 배워야 할 의무를 수행해야 함을 가르치고 있다(금장태, 2012: 220). 형제자매는 같은 부모로부터 태어나 혈연관계를 맺어 서로에게 친밀감을 느끼고 깊은 우애를 가지며 자라난다. 이들은 자라나면서 함께 보낸 세월을 회상하며 가정생활에 대한 긍정적인 기억을 더듬어간다. 정서적 및 물질적으로 서로 돌보고, 안내와 자문, 보호와 지원을 해준다. 가족의 역사를 공유하며 평생 동안 친밀한 교환관계를 이어간다.

그동안 인구감소와 맞물려 형제자매 수가 줄어 형제자매 간의 깊은 정을 느끼지 못하며 자라나는 세대가 늘어나고 있다. 그리고 전통적 가족제도의 문제점이 깨끗이 가시지 않고 있다. 즉, 남성우월주의, 출가외인 시각(여자는 결혼하면 시집에 소속되어 친정과의 관계가 멀어진다는 견해), 남성을 여성보다 중시하는 장자위주제도, 재산상속에 있어 딸을 차별하는 관습 등이다. 이러한 관습은 형제 간 서로돌봄을 저해할 수 있다. 다행히 국가의 법적조치와 새 시대의 생활패턴에 따라 이런 문제들이 풀려나가고 있다. 형제자매는 화합을 이루지 못할 경우가 있다. 예로 유산분배 문제로 대립할 수 있고, 연령의 차이와 이성(異性)의 구별이 있고, 종교, 교육 및 직업의 차이가 생길 수 있다. 그러나 이러한 대립, 차이 및 구별은 서로 간의 우애와 존중에 힘입어 조절될 수 있다. 고령의 형제자매는 어려움을 당하면 서로 돌보는 전통을 이어간다. 생일, 혼사, 졸업식, 기타 기념할 행사를 함께 축하하고, 조상제사, 성묘, 종친회 모임에 같이 참여하고, 질병, 사고 등 어려움을 당할 때 위문하고 돌보면서 친밀한 관계를 다져 나간다. 사적집단의 인간중시적 서로돌봄이 이루어지는 것이다. 형제자매의 우애를 가족 전체로 확장할 때, 부부와 형수 및 시동생

사이의 다정한 돌봄관계도 포함된다.

[부부]

고령기에 접어들면 부부간의 서로돌봄 관계가 더욱 중요하다. 부부관계는 애정, 존중, 친밀, 상호의존, 신뢰로 연결된 특수한 관계이다(이혜자, 김윤정, 2004). 노부부는 함께 생의 만족을 즐길 뿐만 아니라 문제에 부딪히면 서로 위로하며 돌보아나간다. 은퇴기 행복의 높고 낮음은 상당한 정도로 부부간 서로돌봄의 정도에 따라 결정된다. 배우자의 신체적 또는 정신적 손상은 심한 정신적 부담과 재정문제를 일으킨다. 이런 경우 사회적 접촉과 공적돌봄은 매우 중요하다. 접촉과 돌봄을 통하여 어려움을 극복하는 데 도움이 되는 관심과 서비스를 받을 수 있다.

고령기에 접어든 부부는 돌봄을 주고받기 위해 자녀와 더욱 긴밀한 관계를 가진다. 부모는 젊은 가족원들로부터 재정적 도움을 포함하여 교통편, 집수리, 장보기, 병원방문 등을 위해 도움을 받는다. 한편 부모도 여전히 자녀에게 정서적 및 재정적 돌봄을 해나간다. 자녀를 돌봄으로써 부모는 성취감과 행복감을 가지게 된다. 일반적 편견과는 달리 노부모는 가족으로부터 버림을 받는 존재가 아니다. 대다수 부모는 정기적으로 또는 자주 성인자녀와 접촉한다. 부모와 자녀가 멀리 떨어져 사는 경우도 서로 통화와 방문을 하며 가족관계를 이루어간다. 부모는 자녀의 독립적 생활을 존중하고, 자신들의 취미와 활동에 힘을 쓰며 독자적 생을 꾸려 나간다. 시간이 나면 자녀들과 자신들의 장기요양, 긴급의료,

재산처리 및 사후의 장애에 대한 상의를 한다. 노부부가 건강이 나빠지고 인지능력을 잃게 되면, 먼저 가족원이 개입해서 돌보게 된다. 생의 전 과정을 통해서 이와 같은 부모와 자녀 간의 서로 돌봄 관계가 이어진다.

[친척]

부모는 친척과도 돌봄관계를 유지한다. 혈연으로 맺어진 내척 및 외척, 그리고 혼인으로 맺어진 인척에 속하는 친척이다. 친척은 부모가 살아가는 데 힘이 되어주며, 어렵거나 힘들 때 곁에서 버팀목이 되어주는 사람들이다. '우리'라는 관념 속에 들어 있는 사람들이다. 한국인은 일반적으로 친척과의 관계를 중요시한다(성규탁, 2010). 친척과의 관계에 관한 다음 사항들에 대한 질문에 대해서 모두 '매우 찬성' 또는 '찬성'하는 응답이 나왔다. 즉, '친척의 길흉사에 부조함', '어려운 친척을 돌봄', '중요한 결정을 할 때 친척과 의논함', '조상제사에 친척과 함께 참여함' 등이다. 친척은 부모의 사회지원망의 일부로서 서로돌봄체계를 이룬다는 점에서 노부모에게 매우 중요하다.

친척 간의 서로돌봄관계는 우리 사회에서 오랫동안 지속될 것으로 본다(최재석, 1994; 성규탁, 2017). 특히 친척이 관혼상제에 참여해서 정서적 및 재정적으로 돌보는 관행은 분명한 덕행이며 사회복지적 관점에서 중요하다. 어려움에 부딪힌 부모가 가족 외에 도움을 요청할 수 있는 사람은 친척이 손꼽힌다. 출산율이 감소하고 가족망과 사회적 지원망이 줄어들음에 따라 친척 간의 서로돌보는 관행의 중요성은 더해가고 있다.

[친구와 이웃]

형제자매와 친척이 부모를 돌볼 수 없을 때 친구, 이웃 및 공익집단으로 이루어진 사회적 망이 돌봄의 손길을 뻗혀준다. 공적 조직도 이런 망의 주요부분을 이룬다. 이 망을 이루는 멤버들은 정서적 지지, 충고, 안내, 정보제공, 물질적 원조, 필요할 때 친구가 되어주는 것, 어려움이 있을 때 보살펴주는 것, 전문적 돌봄서비스를 받도록 돕는 것 등 부모의 안녕을 위한 돌봄서비스를 제공해줄 수 있다.

가족들은 생활형편, 자조(自助)능력, 응집력이 다르기는 하지만, 위와 같이 긴밀하고 응집력 있게 서로 돌보는 관계를 유지하는 성향을 간직한다. 개개 가족성원들은 노부모를 중심으로 친밀한 대화와 교환을 이루며 하나의 정으로 찬 단일체(사적집단)을 이루어 공생(共生)한다(최상진, 2012; 최재석, 2009; Roland, 1989).

동아시아문화에서는 서양사회와 달리 부모가 젊은 친척에게 의존하는 것을 병적이라고 보지 않는다(Streib, 1987; 류승국, 1995). 우리의 기본적인 인성구조는 개인주의적이기보다는 타인과의 관계를 지향하는 특성이 있다. 그래서 부모와 자녀가 상호의존하는 관계를 인성(人性)발달의 이상적인 조건으로 보고 있다(김경희, 2003; Pedersen, 1983: 537-582; Simmel, 2008). 생애주기에 따라 자녀는 부모에게 의존하고, 연로해진 부모는 자녀에게 의존하는 호혜적 관계가 이루어지는 것이다.

이런 맥락의 호혜적 관계이란 '세대 간 서로돌봄'을 말한다. 사적집단 성원들 간의 이러한 서로돌봄을 가능하게 하는 힘은 서로에 대한 존중과 애정 그리고 측은지심과 같은 정에 바탕을 둔 인간중시적인 가치라고 본다.

정과 돌봄

사람을 돌보는 데 있어 갖추어야 하는 중요한 요건은 타인에 대한 정(情)이다. 정은 유대감을 조성하며(임태섭, 1994: 18), 강한 친밀감을 갖게 하고, 따스하고, 계산하지 아니하고, 보답을 요구하지 아니하며, 쌍방 간에 동시에 발생하는 호의적 심리이다 (임태섭, 1994: 24). 정은 서로 돌보아주려는 의지를 담고 있다. 정을 주는 사이에서는 상대방이 직면하는 문제에 대해 염려하면서 개입하려는 경향이 짙다(이수원, 1984: 104). 그래서 정은 돌봄(보살핌, care)을 내포하고 있다. 더욱이 상대방에 대한 존중과 애정 그리고 측은지심을 주로 담고 있어 인간관계를 이루고 지속하는 데 필수적인 요소가 된다(윤태림, 1970). 정은 우리 민족 나름대로의 인간중시적 정서이다. 사적집단 성원들 간에 이러한 정이 스며들어 이들의 인간중시적인 상호관계의 바탕을 이루고 있다.

3

인간중시사상: 전통적 가치

부모돌봄은 한국의 문화적 맥락에서 실행된다. 문화는 사람들이 간직하는 지식, 믿음, 도덕, 예술, 법, 관습을 종합해서 말한다 (Rothman, 2014; Myrdal, 1958). 문화와 밀접히 연계된 것은 가치, 즉 그 문화 속에 사는 사람들이 중요하다, 바람직하다, 올바르다고 믿는 것이다(Titmuss, 1970; Manheim & Simon, 1977). 이런 가치가 부모·고령자를 돌보는 데 다대한 영향을 끼친다(이순민, 2016; 한경혜, 성미애, 전미정, 2014; 성규탁, 2017). R. Titmuss(1976) 교수가 말했듯이 사회복지는 사회의 보편화되어 있는 가치를 바탕으로 사람들의 상호관계 속에서 이루어지는 것이다. 가치는 침윤성이 강하여 제공자들의 마음속과 행동양식에 스며들어 이들이 돌봄서비스의 방향과 실천방법을 선정토록 인도하는 지렛대 역할을 한다(Myrdal, 1958).

인간중시가치가 이러한 역할을 한다고 본다. 정(情)도 역시 이런 역할을 한다고 볼 수 있다. 이런 가치를 가족적 맥락에서 교시한 분이 퇴계(退溪)이다. 퇴계는 효(부모돌봄)의 실현방법으로서 '사람사랑'(人間愛)과 '사람존중'(人間尊重), 그리고 측은지심을 교시하였는데, 이 가르침은 보편성이 뛰어나 사회적 변화 때문에 쉽게 변하지 않는 가치를 담고 있다고 본다. 이러한 가치를 바탕으로 해서 고령자를 위한 복지제도 및 정책이 수립되고, 나아가 돌봄서비스가 개발, 실천되는 것이 바람직하다.

노부모돌봄의 궁극적 목적은 이분들로 하여금 개인적으로 만족스럽고 사회적으로 바람직한 방도로 생활하는 잠재성을 실현토록 하는 것이다. 이러한 잠재성을 제공자들이 실현하는 데는 다음과 같은 행동수칙을 지켜야 한다고 본다.

* 부모·고령자의 존엄성을 받든다.
* 공적조직이 부모·고령자의 욕구를 충족하도록 이끈다.
* 제공자의 윤리적 행동과 전문성을 높인다.

제공자는 부모·고령자에게 서비스를 제공하는 과정에서 위의 사항을 지키면서 이분들이 돌봄서비스를 수렴하도록 북돋우어야 한다.

[부모·고령자의 존엄성]

사람을 돌보는 데 있어 최우선시하는 가치로서 존엄성을 들 수 있다(이순민, 2016). 존엄성을 받드는 것은 돌봄서비스를 제공하는 데 지켜야 하는 엄중한 윤리적 규범이다. 존엄성은 인간의 타고난 권리이며, 모든 사람은 인격자로서 윤리도덕적 대우를 받아야 함을 뜻한다. 다음 공자의 말은 인간의 존엄성을 지적한 말이라고 볼 수 있다.

"천지의 기(氣)를 받아 생겨나는 것들 중에서 인간만큼 귀한 존재는 없으며, 이 귀한 인간을 위한 행위 중에서도 부모돌봄보다 더 큰 것을 없고, 이 가운데서도 부모를 존중하는 것이 제일 중요하다"(효경, 성치장).

인간의 중요한 욕구는 존경을 받는 것이다. 존엄하기 때문에 존중을 받게 되는 것이다. 존엄성이란 무엇인가? 사람의 존엄성을 받든다 함은 그 사람을 존중하며 그의 자기존중감을 북돋우어 주는 것이며, 그를 멸시하거나, 방치상태에 놓아두거나, 값이 없고 귀찮은 존재라고 볼 때, 사람이 아니고 물건으로 취급될 때 소상되는 것이다.

부모·고령자돌봄을 옳게 하기 위해서는 돌봄서비스에 관한 지식과 기술만을 가지고는 부족하며, 마음속에서 우러나는 인간존중, 인간애, 측은지심과 같은 인간적인 정을 발현하면서(최상진, 김기범, 2011) 그분들의 존엄성을 받들어야 하는 것이다.

[전통적 가치]

한국인은 사람을 존중하는 문화적 전통을 간직하고 있다. 홍익인간사상에서 발원하여 불교와 유교를 거쳐 동학사상과 기독교에 이르기까지 줄곧 인간중시사상의 줄기찬 흐름이 이어져왔다. 우리가 이어받은 이 사상적 전통은 우리의 유산으로 실존하고 있다. 이러한 인간중시전통은 시대적 변화에 대처하는 우리로 하여금 우리 문화에 대한 자부심과 주체성을 갖도록 한다.

홍익인간사상

우리의 사람을 존중하는 사상은 건국신화정신이 표상하는 홍익인간(弘益人間) 이념에서 발원한다. 이 이념은 보편적으로 사람을 존중하며 모든 인간의 이익과 번영을 추구하는 것이 그 근본정신이다(최문형, 2004: 27; 손인수, 1992: 362).

[주: 홍익인간사상을 인류공영(人類共榮)이라는 뜻에서 민주주의의 기본정신과 부합되며, 유교의 인(仁), 불교의 자비(慈悲), 기독교의 박애(博愛)정신과 상통하는 전 인류의 이상으로 보고, 한국의 교육이념으로 삼아 교육법 제1조에 그 조문을 설정해놓았다(법률4879호 교육법)(최문형, 2004: 336-348; 손인수, 1992; 354-375).]

불교의 자비

불교가 고창하는 자비는 순수한 인간애, 즉 사랑이다. 나의 가족과 국가를 초월한 모든 것에 미치는 사랑이다. 인간에게 사랑의 가장 뚜렷한 예를 부모와 자녀가 서로에 대해 품는 애정 속에서 발견할 수 있다고 교시한다. 특히 불교의 비(悲)는 생명에 대한 무조건적인 존중을 나타낸다(최문형, 2004: 347; 권경임, 2009). 모든 생명을 차별 없이 존중하는 인간중시사상을 기본으로 하는 이타적 실천을 가르치고 있다(최문형, 2004: 347; 이중표, 2010).

유교의 인

유교의 중심적 이념인 인(仁)은 넓은 인간애를 창도하는 사상으로서 부모와 자녀 사이의 사랑과 돌봄을 바탕으로 하는 인간관계를 조정하는 윤리적 및 도덕적 영향력으로서 작용해왔다. 조선유학의 대표적 인물인 퇴계(이황)는 인(仁)을 기본으로 한 인간애 및 인간존중의 가치를 측은지심으로 실현할 것을 가르쳤다(이상은, 1965; 박종홍, 1960). 이 가르침은 그의 인(仁)에 대한 다음 말에 담겨 있다.

"천지에 있으면 한없이 넓은 만물을 낳는 마음이요, 사람에게 있으면 사람을 사랑하고 이롭게 하는 따뜻한 마음 - 측은지심 - 을 포괄하고, 이것이 발하여 사랑과 공경의 정(情)이 된다"(퇴계집, 2001: 85; 성학십도, 인설).

퇴계의 측은지심(惻隱之心)에 대한 마음가짐은 다음과 같은 덕담에 담겨 있다(김형오 외, 1997: 123). "천하의 파리하고 병든 사람, 고아와 자식 없는 노인, 홀아비와 과부는 모두 내 형제 가운데 어려움을 당하여 호소할 데 없는 자이다." 이 말은 어려운 사람들 - 사회적 약자 - 은 모두가 나와 함께 공동사회를 이루는 형제로서, 이들을 이타적인 측은지심으로 사랑해야 함을 뜻한다. 퇴계는 부모를 존중(섬김, 공경)하는 것이 가장 중요한 효행이라고 가르쳤다(퇴계집, 2003: 22, 89-94; 논어, 2, 7; 효경, 2 천자장; 예기, 제의).

퇴계의 부모존중에 대한 가르침은 다음 말에 담겨 있다. "나이 많은 이를 높이는 것은 천지의 어른을 어른으로 대접하는 것이다"(성학십도, 서명).

현대 한국인대상 사회조사에서도 부모존중이 효의 가장 중요한 표현방식임이 드러났다(성규탁, 1995, 2016). 즉, 효행의 유형들 - 부모에 대한 존중, 책임, 보은, 희생 - 중에서 존중이 가장 중요하다고 지적된 것이다.

부모에 대해서 자녀가 가장 걱정하는 것은 그분들의 건강이다. 연로하신 부모님이 건강하게 오래 사시기를 소원하는 것이다. 한편 부모의 가장 커다란 걱정은 자녀가 병이 없이 오래 사는 것이다(논어, 위정 6). 이런 소원은 부모와 자녀가 서로에게 가지는 한없이 깊은 존중, 사랑 및 측은지심의 발로라고 본다. 부모자녀 간에 인이 발현됨을 시사하는 것이다.

동학의 인간관

동학의 인간관은 '인내천'(人乃天)과 '사인여천'(事人如天)에서 드러난다. 인내천에서 인간존엄성을 높이 받드는 사상을 찾을 수 있다. 천(天)은 동양에서 지고의 가치체계, 즉 도덕과 윤리의 질서를 지우는 원리이며 이상이다. '인간이 곧 천이다.' 즉 사람 섬기기를 하늘같이 하라고 한 이 말은 인간적 가치의 고양을 최고 실천규범으로 삼고 있다(최문형, 2004).

이어 최시형의 사인여천(事人如天)의 '만민평등윤리'는 시천주에서 일보 전진하여 인간중시의 윤리적 원리를 제시하였다.

기독교의 박애

근대에 포교된 기독교는 특히 고령자존경에 대해 매우 엄중하게 가르치고 있다(윤성범, 1977).

기독교의 십계명 가운데 "네 부모를 공경하라. 그리하면 하나님이 네게 주신 땅에서 오래 살리라"는 매우 엄하고 무거운 가르침이다. 그리고 성서의 레위기(19:3)에는 "너희 각 사람은 부모를 경외하라"는 절이 있다. '경외'는 하나님에게만 사용되는 말씀이다(김시우, 2008, 54-55). 부모를 하나님 다음으로, 아니 하나님과 거의 같게, 공경해야 하는 존재로 받든 것이다.

위에 서술한 바와 같이 홍익인간 이념에서 기독교 교의에 이르기까지 한국인의 인간을 존중하고 사랑하며 서로 돌보는 공동체의 복리를 추구하는 사상의 줄기찬 흐름으로 이어진다. 우리가 이어받은 위와 같은 인간중시사상은 부모·고령자를 돌보는 돌봄서비스 제공자가 명심해야 할 교훈이다.

<u>4</u>

사적집단이 잘할 수 있는 돌봄

1) 부모를 존중하면서 돌봄

부모돌봄은 인간중시적 가치를 높이 받드는 한국문화적 맥락에서 실행된다. 이 돌봄을 실행하는 데 있어 가장 중요한 것은 부모님에게 존중과 애정을 발현하는 것이다. 더욱이 이분들의 존엄성을 받드는 것이다. 앞서 논한 바와 같이 '존경'은 인간중시적 돌봄의 기본가치이며, 효의 으뜸가는 내용이다(성규탁, 2017).

C. R. Rogers(1961: 82) 교수는 치료자는 고객을 존중해야 하며 그에게 따뜻하고 애정에 찬 태도를 보여주어야 함을 강조하였다. 그는 치료자가 고객에 대해 깊이 존경하는 태도를 간직한다면, 그 고객을 애정으로 수렴하는 단계로 진입할 수 있다고 했다(Rogers, 1961: 74-75). E. Gambrill(1983: 152-154) 교수는 사회사업가들은 고객에 대한 존중의 중요성을 인식해서 이를 분명히 발현해야 한다고 역설했다. Sung과 Dunkle(2009) 교수들은 고령의 고객들을 면접할 때 존중하는 가치를 발현하면 이들은 상담·치료가 끝난 후에도 담당 사회복지사에 대해 친밀한 감정을 가지며, 받은 돌봄서비스에 대해 긍정적 평가를 한다는 사실

을 발견하였다.

이러한 사실을 생각할 때 나의 부모님을 포함한 고령자들을 마음속에서 우러나는 존경으로 돌보아드려야 함을 절감할 수 있다. 부모를 존중함은 사적집단이 전통적으로 잘해나온 문화적 관행이다. 저자는 사적집단(가족) 내에서 부모·고령자를 존경하는 방식을 조사하여 아래와 같은 방식들을 찾아냈다(성규탁, 2005, 2017). 우리의 문화적 맥락에서 가족중심으로 일상생활에서 실행되는 존경방식이다. 부모존경은 사적집단이 간직하는 현저한 장점이다.

[사적집단에서 실행되는 존경]

◆ 인사로 하는 존경

고령자를 만나 반가워하고, 그분에게 관심을 가지며, 정의을 표하고, 그분을 중요하게 여김

◆ 외모를 갖추어 하는 존경

의복을 단정하게 입고 바른 자세와 태도를 갖추어 존경의 뜻을 전함

◆ 존댓말로 하는 존경

고령자와 대화를 할 때 존댓말을 사용함. 존댓말을 사용하는 것은 우리의 문화적 성향 – 겸손, 체면, 계층의식, 자기비하(自己卑下, 자신을 상대방보다 낮춤) 등 – 이 종합되어 이루어지는 예절임

◆ 먼저 대접해서 하는 존경

차나 음식을 먼저 대접하고, 도움, 서비스 또는 편의를 먼저 제공하며 방, 목욕실, 자동차, 승강기에 먼저 드나들도록 함

◆ 윗자리를 드려서 하는 존경

존경의 뜻을 나타내는 자리 또는 장소를 제공함

윗자리 또는 가운데 자리, 난로 옆 자리, 시원한 자리, 편리하고 도움이 되는 곳을 제공함

◆ 생일을 축하해서 하는 존경

생일(생신)을 축하함. 부모의 생일을 맞이하여 그분들에 대한 존경, 애정, 친근함을 표시하고 앞으로 건강하게 잘 사시도록 축원함

◆ 의논을 해서 하는 존경

개인적인 일, 가정에 관한 일, 지켜야 할 관습과 의식 등에 관해서 고령자의 자문을 받거나 그분에게 충고를 해주시도록 청함

◆ 보살핌으로 하는 존경

마음을 편히 해드리고, 몸을 보살펴드림. 마음속에서 우러나는 정성으로 보살펴드리고, 걱정해드리고, 기쁘게 해드리고, 안락하게 해드리고, 불안감을 해소해드리고, 마음에 상처를 주지 않고, 자주 만나드리고, 시간을 함께 보내고, 개인적 케어를 해드림

위와 같이 실행하는 존경은 부모를 인간중시적으로 돌보는 사적집단의 장점이다.

2) 정서적 돌봄과 수단적 돌봄

가족중심으로 이루어지는 정서적 및 수단적 돌봄도 사적집단이 잘할 수 있다. 사적집단의 장점이다. 앞서 존경은 돌봄을 내포한다는 사실을 밝혔다. 사람을 존경한다는 것은 곧 그분을 돌보아주려는 행동으로 옮겨짐을 말한다. 돌봄은 정서적인 차원과 수단적인 차원으로 실행된다. 아래는 정서적 돌봄과 수단적 돌봄의 보기이다. 이러한 두 가지의 돌봄도 역시 가족중심의 사적집단에서 일상적으로 이루어지는 관행이다.

돌보는 데 있어 지켜야 할 중요한 조건은 내가 상대편에게 주는 것이 나의 판단으로 좋고 쓸모가 있는 것이라야 하고, 또 이것을 받는 상대편도 받은 것이 자기에게 바람직하고 도움이 된다고 인증해야 한다. 돌봄은 부모·고령자를 도와주려는 마음씨 또는 감정과 함께 그분들의 안녕을 실제로 증진시키는 행동 또는 실제적 서비스로 이루어지는 것이다.

사람을 돌본다는 것은 그에게 관심을 가지고 그의 인격을 존중하며 그의 안녕을 걱정하고 그가 필요로 하는 것을 자발적으로 제공하는 것이다. 그런데 고령자에 대한 돌봄을 실행하기 위해서는 먼저 그분이 필요로 하는 돌봄의 내용을 파악해야 한다. 고령자를 위한 돌봄은 크게 나누어 두 가지 내용을 담고 있다.

하나는 '정서적' 돌봄이고 다른 하나는 '수단적' 돌봄이다. 인간중시적 가치를 반영하는 돌봄은 정서적 차원과 수단적 차원을 함께 갖추어야 한다. 정서적 차원은 돌봄으로 이끄는 동기 및 의지와 관련된 심리적 및 감정적 면을 의미하며 수단적 차원은 돌봄을 실현하는 수단, 행동, 물질적 방법을 말한다. 돌봄(care, caring)은 부모·고령자를 존경하는 방식들 가운데서 으뜸가는 항목으로 나타났다(성규탁, 2017).

어떻게 부모를 돌보면 좋겠느냐고 공자에게 질문하자 공자는 부모를 물질적(수단적, 외면적)인 방법으로만 돌보는 것은 부족하며 정서적(내면적)으로 마음에서 우러나게 존중하며 대하는 것이 중요함을 지적하였다(논어, 2권, 7장).

유교문헌에는 어김없이 부모의 마음과 몸을 함께 돌보아야 한다고 교시되어 있다. 이 점과 연관해서 송복(1999) 교수의 다음과 같은 설명을 참고할 수 있다. "예(禮)는 외면적, 형식적으로 지키기만 해서 되는 것이 아니라 내면적, 마음속으로까지 깊이 수용해서 행해져야 한다. 이 양면이 모두 조화, 균형이 되어 합일의 상태를 이루어야 예라는 것이 이루어지는 것이다."

이렇게 양면을 감안해서 부모가 필요로 하는 서비스를 아래와 같이 정서적인 것과 수단적인 것으로 나누어볼 수 있다. 먼저 정서적 돌봄을 나타내는 지표로서 아래 보기를 들 수 있다.

정서적 돌봄: 보기

마음을 편하게 함
존경을 함
관심을 가져드림
사랑함
뜻을 따라드림
걱정을 들어드림
안심을 시킴
딱하게 여김
동정을 함
정답게 대화를 함
친밀한 관계를 가짐
마음으로 도와드림
말상대가 되어드림
권위를 인증해드림
소원을 성취해드림
늙으심을 딱하게 여김
생활에 만족하도록 함
고독감을 해소해드림
등

다음 수단적 돌봄은 표면에 나타나는 행동적인 것이다.

수단적 돌봄: 보기

용돈을 마련해드림
식사시중을 해드림
건강을 유지토록 도와드림
병간호를 해드림

가사를 도와드림
책, 신문을 읽어드림
여가활동을 지원해드림
음식구입을 도와드림
의료비를 지불해드림
교통편을 제공해드림
주택유지를 지원해드림
물건구입을 도와드림
약복용을 도와드림
식사시중을 해드림
세수, 옷 갈아입기를 도와드림
목욕을 도와드림
대소변을 도와드림
외출 시 동반해드림
취미활동을 지원해드림
취업을 도와드림
원하는 공부를 하도록 도와드림
생활환경을 안전하게 해드림
등

정서적 돌봄과 수단적 돌봄은 서로 연계되어 있어 수단적(물질
적) 돌봄을 제공하면 정서적 돌봄도 다소간에 이루어질 수 있는
것이다. 그러나 아무리 많은 수단적 돌봄을 하여도 정서적인 성
과를 얻지 못하는 경우도 있다. 경제적으로 부유하게 살게 되고
사회복지제도가 발전하면 부모·고령자는 물질적 지원보다도 정
서적 돌봄을 더 값있는 것으로 받아들이게 될 것으로 본다.

그런데 공식조직(시설)들에서도 정서적 돌봄이 가족과 친척이
아닌 돌봄서비스 제공자(전문인 또는 비전문인)가 제공하는 경우

가 많다. 낯선 서비스 제공자도 고령자와 친숙하고 우의로우며 다정한 관계를 가지면서 정서적 돌봄을 바람직하게 제공할 수 있다. 이러한 실상과 가능성이 있음에도 불구하고 유감스러운 현상이 드러나고 있다.

오늘날 인간봉사 영역에서 심각한 과제로 등장한 것이 고객에 대한 존중이다. 병원을 포함한 대규모 공적조직들에서 고령자를 비인간적으로 취급하는 사례가 많아지고 있다. 인간중시정신으로 돌봄서비스를 제공하는 것은 중대한 윤리적인 과업이다.

정서적 돌봄의 중요성

돌봄은 사람들 사이의 인간관계 속에서 시작되고 진행된다. 즉, 돌봄을 받는 부모·고령자와 돌봄을 실행하는 제공자와의 상호관계 속에서 이루어지는 것이다. 사람을 온정으로 존중하면서 대하지 않고서는 그를 진정으로 돌보거나 치료해줄 수 없는 것이다. 이 점은 부모자녀 관계에서도 마찬가지이다.

어떤 효자(孝子)는 아버지에 대한 정이 간절하여 아버지가 생전에 좋아하던 과일을 볼 때마다 돌아가신 아버지 생각이 나서 그 과일을 차마 먹지를 못했다는 이야기가 논어에 실려 있다. 부모에 대한 보살핌은 이런 깊고 두터운 존경과 애정을 바탕으로 시작되어야 한다는 뜻으로 이 이야기를 해석할 수 있다. 부모에 대한 정서적인 돌봄이다. 가족중심의 사적집단이 잘할 수 있는 돌봄이다.

부모의 가장 큰 (정서적) 걱정은 자녀의 건강이다. 제자 맹무백이 효에 관해 질문하자 공자는 다음과 같이 말했다. "부모는 오직 자식의 병(病)을 걱정하느니라"(논어, 위정: 孟武伯 問 孝子曰 父母其疾之憂). 이 말은 부모는 자식이 병을 앓지 않고 탈이 없이 안전하게 오래 살기를 가슴속 측은지심으로 소원하고 있음을 뜻한다. 자녀 측에서도 제일 걱정하는 것이 부모의 건강이다. 사실 고령의 부모가 자녀로부터 받는 으뜸가는 돌봄은 건강과 관련된 것이다. 서로돌봄의 본질은 이와 같이 부모와 자녀가 존중과 애정을 주고받으며 가장 귀중한 생명을 서로 경외(敬畏, 두려워하며 중시함)하는 것이라고 볼 수 있다. 인간중시사상과 존엄성에 대한 믿음이 현저하게 나타나는 것이다.

오늘날 의료와 사회복지를 담당하는 시설에서도 제공자들이 환자와 고객들에 대한 정서적 돌봄서비스를 제공하는 것을 매우 중요시하게 되었다. 질이 좋은 치료와 서비스를 제공하기 위해서는 치료자와 제공자가 무엇보다도 먼저 따뜻한 심정으로 고객을 맞아주고, 그를 너그럽게 대하고, 존엄성을 지닌 소중한 사람으로 여기고, 개인적인 생활스타일과 신조를 존중하는 마음의 자세, 즉 돌봄의 정서적 차원을 먼저 갖추어야 한다. 이러한 차원을 줄여서 말하면 인간중시적 가치를 발현하는 것이다. 제공자의 가치관은 매우 중요하다. 왜냐하면 그것이 고령자를 위한 돌봄의 방법과 질을 좌우할 수 있기 때문이다. 사람을 푸대접하고 이들의 문제를 가볍게 보는 제공자들이 있다는 사실을 생각할 때 이런 가치를 발현한다는 것은 인간봉사 전문직에게는 매우 중대하다고 보지 않을 수 없다.

지금까지 다수 공적조직들의 제공자들이 수단적(물질적 또는 양적)인 차원에서 사람을 돌보는 데 관심을 집중한 나머지 돌봄의 정서적인 면을 소홀히 다룬 경향이 없지 않다. 정서적 차원은 눈으로 볼 수 없고 계산을 해서 숫자로 나타내기가 어려우나 우리의 마음속에 담겨 있는 참다운 가치관을 나타내는 것이다. 인간중시 가치를 받드는 우리에게는 매우 중요한 사실이다. 따라서 우리는 돌봄의 정서적 차원을 수단적 차원에 못지않게 중요시하고, 이 두 차원을 통합해서 부모와 자녀, 고령자와 젊은 사람이 서로 돌보와 나가도록 유도해야 하겠다. 이와 같이 통합된 돌봄을 부모·고령자에게 제공하는 것은 제공자가 명심해야 할 윤리적 원칙이자 실천준칙이라고 믿는다.

3) 우발적 문제에 대한 개별적 돌봄

사적집단은 또한 다음과 같은 돌봄방식을 적용하는 성향이 뚜렷하고 강하다. '예측할 수 없이 돌발적으로 일어나는' 문제가 발생할 때 이에 직시 대응해서 돌보는 능력을 간직하고 있다. 즉, 가족과 친척 그리고 가까운 친구와 이웃은 부모·고령자가 돌발적인 문제 - 급환, 사고, 재해 - 를 당할 때 제일 먼저 개입해서 면대면(개별적)으로 응급적 돌봄을 해준다. 가족 내에서 위와 같은 우발적으로 발생하는 균일화할 수 없는 잡다한 문제들을 일상생활 속에서 풀어나간다. 예로 심장마비를 일으킨 고령자의 경우를 들 수 있다. 이런 병환은 우발적으로 발생하며 예측불가능하다. 갑작스럽게 일어나는 이런 병환을 앓는 노환자를 사적집단은 발생초기에 돌볼 수 있다.

이러한 돌발적으로 일어나는 문제는 균일화할 수 없으며 그때 그때의 사람 대 사람의 개별적 접촉을 해서 다룰 수 있다. 이런 문제는 기술과 시설을 갖춘 대규모 공적조직보다도 인간중시적 정으로 움직이는 소규모 사적집단이 더 잘할 수 있다. 이 경우 존중, 애정, 측은지심이 중요한 돌봄동기가 될 수 있다. 사적집단 이 갖춘 특성이고 장점(유용성)이다.

4) 동거 · 별거와 부모돌봄

주거형태와 돌봄

시대적 변화는 위와 같은 한국인의 장점을 부모돌봄에 적용하 는 데 어려움을 겪게 한다. 많은 성인자녀가 부모와 떨어져 살고 있어 지리적 거리로 인해서 부모돌봄이 어렵게 되는 것이다. 성 인자녀들의 주거형태를 두 가지로 나눌 수 있다. 하나는 가족원 들이 함께 사는 경우(동거)이고 다른 하나는 떨어져 사는 경우 (별거)이다. 저자가 조사한 바에 의하면 거의 모든 고령자들이 필 요할 때 도움을 요청하는 대상은 그들의 가족이다(성규탁, 2017). 가족이라 함은 한 가구 내에서 부모와 거주하는 또는 분산되어 있는 복수 가구에 사는 결혼한 아들과 며느리, 결혼한 딸, 미혼 자녀, 손자녀로 이루어진 가족을 말한다. 달리 말하면 부모의 핵 가족, 아들의 핵가족, 딸의 핵가족, 손자녀의 핵가족으로 이루어 진 서로 돌보는 가족망이다.

떨어져 삶과 부모돌봄

다수 성인자녀는 직장, 교육, 결혼생활 때문에 부모와 떨어져 산다. 부모도 살기 편한 곳, 경제적으로 살 수 있는 곳, 의료시설이 잘 되어 있는 곳, 교통이 편리한 곳으로 옮겨가는 사례가 늘고 있다. 지리적 이동은 핵가족화를 촉진하고 부모와 떨어져 사는 자녀수를 증가시킨 주요인이다. 결과적으로 혼자 사는 고령자와 배우자와 사는 고령자의 수가 급증하였다(보건복지부, 2013; 권중돈, 2010: 25-39; 김익기 외, 1999: 103-109). 떨어져 살면 가족원들 사이에 접촉, 대화 및 손끝으로 하는 돌봄을 할 기회가 줄어든다. 사실 성인자녀와 멀리 떨어져 사는 부모는 경제적, 보건의료적, 사회적, 심리적 문제를 이들과 동거하는 경우보다도 더 많이 호소하는 경향이다. 이러한 경향은 가족 바깥의 공적돌봄을 필요하게 하고 있다. 하지만 거리상으로 떨어져 살기는 하나 대다수 성인자녀들은 전화, 화상통신, 이메일, 편지 그리고 방문을 해서 부모와 접촉하며 친밀한 관계를 유지하고 재정지원과 선물을 해서 정서적 및 물질적으로 부모를 존중하며 돌보고 있다. 형편이 여의치 않아 다른 사람에게 위탁해서 부모를 돌보는 자녀도 있다.

함께 삶과 부모돌봄

60세 이상의 고령자의 30% 정도가 자녀와 동거하고 있다(통계청사회조사, 2013). 고령화, 건강퇴조 및 저소득이 흔히 지적되는 동거로 이끄는 요인이다. 사실 부모가 고령이 되어 의존도가 높아질수록 자녀와 동거하는 비율은 높아진다: 65~69 동거 23%; 70~79 동거 33%; 80+ 동거 42%(권중돈, 2004: 287). 그리고 소득이 적은 가족일수록 부모와 동거하는 사례가 많은 경향이다. 성인자녀는 부모와 동거함으로써 별거하는 경우보다도 특히 수단적으로 돌보는 의무를 더 잘 수행할 수 있다. 고령이되어 건강이 나빠질 때 자녀와 동거한다는 것은 곧 보호와 간호를 받을 수 있음을 뜻한다. 뿐만 아니라 가족적 관심과 따뜻한돌봄을 받으면서 가족과 어울리며 정서적 혜택을 누릴 수 있다. 이런 경우 대다수 부모들은 교호적으로 자녀를 위해 여러 가지서비스를 제공한다. 즉, 동거하는 부모는 서로돌봄 관계를 이루고 있다. 예로 자녀에게 격려, 위로, 상담을 해주고, 손자녀 지도, 아이 보아주기, 가사 돌보기, 재정지원 등을 한다. 딸이나 며느리가 직장을 가지고 밖에서 일하는 경우에는 부모(특히 어머니)는 그 집의 가사를 도맡아 보아준다.

동거는 자녀와 부모가 서로돌봄을 누리는 데 좋은 조건이 될수 있다. 양편의 경제적 및 사회적 니드를 충족할 수 있기 때문이다. 그러나 동거를 바람직하지 않다고 보는 견해가 있다. 즉, 동거에 따른 문제 - 프라이버시의 결여, 생활공간 부족, 재정부담등 - 문제가 있을 수 있다는 것이다. 이러한 부모자녀 간에 일어날 수 있는 혜택과 불편함을 고려할 때 결국 동거는 자녀와 부모가 의논을 해서 혹은 전문인의 상담을 받아 가족적으로 선택할과제라고 본다. 부모와 자녀가 동거하는 것은 주택부족이나 경제문제 때문이라고 하기보다는 존중·애정과 의무감으로 서로 돌보는 한국인의 문화적 관습 때문인 것으로 보는 사람이 많다. 하지만 가족과 동거하는 부모들도 가족 바깥의 여러 가지 공적돌봄을 필요로 하는 경우가 많다.

5) 지원망 활용

지원망은 자체돌봄기능이 약화된 가족의 돌봄기능을 가족 바깥의 돌봄으로 보완하는 방법이다. 대개 부모 주변에는 때때로 또는 자주 도와주고 방문해주고 심부름해줄 수 있는 분들이 있다. 이들은 가족원을 포함한 친척, 가까운 친구, 이웃, 사회집단 (예: 상조단체, 교회, 계모임 등)이다.

지원망의 내용

부모가 위급할 때 도움을 받기 위해 제일 먼저 찾는 곳은 가족이다(성규탁, 2010, Ⅳ). 다음으로 친척, 가까운 친구, 이웃, 상조단체(교회포함)를 찾는다. <표 2-1>은 고령자들의 이런 관행을 보여주고 있다. 가족만을 찾는 경우, 가족 - 친척을 찾는 경우, 가족 - 친척 - 친구를 찾는 경우 등 대안들이 있으나 가족을 찾는 경우는 어느 세트에나 끼어 있다. 이에 비하면 가족이 아닌 친척, 친구, 이웃을 찾는 경우는 숫자적으로 적다. 이 사실은 한국인의 가족중심적인 성향을 보여주고 있다. 시대적 변동을 보아 가족 이외의 돌보아줄 사람을 찾아 지원망을 이루어야 할 필요성이 매

우 크다. 가족 및 친척 이외의 친구, 이웃, 상조단체를 찾는 경우
는 많지는 않으나 다변적으로 이루어져 있어, 앞으로 비친족으로
이루어진 지원망을 활용할 방안을 개발해나가야 하겠다.

<표 2-1> 부모의 지원망 유형

지원망 세트	찾는 빈도(명)	백분율(%)
[가족]		
가족	139	40.6
가족–친척	34	9.9
가족–친척–친구	21	6.1
가족–친척–친구–이웃	27	7.9
가족–친척–이웃	6	1.8
가족–친구	31	9.1
가족–친구–이웃	16	4.7
가족–이웃	14	4.1
[친척]		
친척	12	3.5
친척-친구	3	0.9
친척-친구-이웃	3	0.9
친척-이웃	1	0.3
[친구]		
친구	12	3.5
[이웃]		
이웃	2	0.6
이웃-친구	1	0.3
계	387	100

*자료: 성규탁, 한국인의 효 IV, 2010.

가족의 돌봄능력이 약하거나 돌보와주는 가족이 없는 부모는 가족 바깥에서 제공하는 여러 가지 돌봄서비스를 필요로 한다. 지원망은 부모를 부양하는 가족, 특히 자녀와 떨어져 사는 부모를 위한 가족의 돌봄기능을 보완하고, 돌보지 못함으로써 생기는 문제를 예방하는 방법으로서 활용될 수 있다. 지원망은 어려움에 처해 있는 부모의 정서적 안녕과 생활만족도를 높이고, 고독과 소외문제, 생활위기 등 문제를 극복하도록 도울 수 있고, 가족 바깥의 공적조직이 제공하는 각종 기술적 및 수단적 돌봄서비스에 대한 지식과 정보(접근방법, 이용절차 등)를 제공하여 이를 활용하도록 도와줄 수 있다. 이제는 가족의 변화 때문에 지원망을 활용하여 가족의 돌봄기능(효행)을 보완해나가지 않을 수가 없게 되었다.

지원망의 기능

부모가 필요로 하는 돌봄은 정보제공, 안내, 충고, 친구가 되어주는 것, 어려움이 있을 때 돌보아 주는 것, 전문적 서비스를 받도록 돕는 것 등 다양한 형태의 정서적 및 수단적 돌봄을 포함한다. 이런 돌봄은 믿을 만하고 의존할 수 있는 지원망에 들어 있어야 받을 수 있는 것이다. 지원망이란 사람들 사이에 연결되어 있는 서로 돌보는 인간관계의 망(網, network)을 이른다. 지원망은 가족의 보호가 없을 때나 부족할 때 가족의 대리기능을 할 수 있다. 이런 점에서 매우 유용한 복리증진을 위한 수단이 될 수 있다. 지원망의 종류와 구성부분은 아래 <표 2-2>와 같다.

<표 2-2> 지원망의 유형과 구성원

지원망 유형	구성원	비고
가족 지원망	고령자 부부, 아들, 며느리, 미혼자녀	같은 가구 내
친척 지원망	형제자매, 사촌, 숙부모, 조카	다른 가구
이웃 지원망	이웃 집, 같은 마을주민	이웃, 마을사람
친구 지원망	믿는 친구, 직장동료	이웃이 아님
협회 지원망	교회, 사원, 종교단체, 상조협회	상조그룹 성원

다음과 같은 분들이 지원망을 구성한다.

* 현재 부모를 도와주고 있는 분
* 집안사람
* 부모와 자녀의 오랜 친구와 친척
* 가까운 동창생
* 부모와 자녀가 속하는 사회단체나 클럽의 회원
* 가까운 이웃
* 자원봉사자
* 동사무소의 사회복지사
* 교회의 목사, 신부 및 신자
* 부모의 담당 의사, 간호사, 병원사회복지사
* 부모의 담당 변호사
* 부모와 자녀가 거래하는 은행과 보험회사의 담당요원
* 기타 도움이 될 수 있는 분들

보호자인 자녀는 부모의 지원망을 이루는 위와 같은 분들의 주소, 전화번호, e-mail 주소를 알아두고 이들이 어느 정도로 부모를 도와줄 의사가 있으며 어떠한 도움을 줄 수가 있는가를 파악해둔다. 이렇게 해놓음으로써 앞으로 필요할 때 이분들에게 어떠한 도움을 요청할 수 있는가를 알 수 있다. 이분들에게 편지나 통신을 해서 정중히 인사를 하고 머지않아 뵙겠다는 뜻을 전한다.

이분들에 대한 다음 사항도 알아두는 것이 좋다.

* 현재 어떤 내용의 도움을 제공해주고 있는가?
* 부모를 수시로 방문해서 도와드리도록 부탁을 할 수 있는가?
* 부모의 생활상황을 수시로 점검해서 나에게 알려줄 수 있는 분인가?
* 부모와 식사나 외출을 같이하도록 부탁할 수 있는가?
* 부모가 믿을 수 있는 분으로 부모의 금전출납을 돕고 각종 요금청구서를 나에게 보내줄 수 있는가?

위와 같은 사항들에 걸쳐 도움을 줄 수 있는 분들에게 자신의 전화번호와 집 주소 그리고 e-mail 주소를 알려주고 필요할 때 언제나 수신인 지불방법으로 전화를 해달라고 청탁한다. 그리고 부모의 용태에 관해서 수시로 전화 또는 e-mail로 연락해달라고 부탁한다. 아울러 곧 찾아 인사를 하겠고 도와주어 감사하다는 말을 전하는 것이 옳다. 그런데 떨어져 사는 부모가 지원망을 가지지 않은 경우가 있다. 아는 분들이 세상을 떠났거나 다른 지역으로 이사를 간 경우이다. 이런 때에는 부득이 그 지역의 노인복지관, 사회복지관, 자원봉사단체 또는 동/면사무소사회복지사의 지원을 요청할 수밖에 없다.

부모의 의료를 맡고 있는 의료기관의 요원들에 대해서 다음 사항을 알아둔다.

* 의사, 간호사, 물리치료사, 의료사회복지사 및 병원접수담당의 이름, 전화번호, 주소, e-mail
* 복용하는 약을 조제하는 약방의 주소와 전화번호
* 사용하는 각종 보조기구(휠체어, 보청기, 재활용구 등)의 명칭, 제작자, 수리하는 곳의 주소, 전화번호, e-mail
* 지역 내 보건, 의료, 사회복지 기관들(제공하는 서비스의 종류와 신청방법, 대기기간, 수수료 등)

6) 부모생전의 가사정리

긴요한 과업

고령의 부모를 가진 자녀는 그분들의 상태가 위급하기 전애 본인과 가족을 위해 긴요한 의무를 수행해야 한다. 자녀는 부모가 위급한 상태에 처했을 때 시급히 그분들을 방문해서 치료와 회복을 위한 적절한 대책을 강구하는 한편, 그분들 생전에 정리해야 할 작업을 수행해야 한다.

위급한 경우

다음의 어느 한 가지라도 우발적으로 발생한다면 부모를 즉시 방문해야 한다.

* 부모의 상태가 의학적으로 위급해서 의사가 자녀의 출두/입회를 요청할 경우
* 가족원이나 친구가 노부모의 건강상태가 급속히 나빠졌다고 알려올 경우
* 부모를 돌보는 사람으로부터 부모가 건강을 유지하는 데 필요한 요건을 갖추지 못하고 있다는 연락이 있을 경우
* 부모가 약물 과용, 자동차 사고 또는 낙성(넘어짐)으로 중상을 입었을 경우
* 화재나 자연적 재해를 당할 경우
* 아무도 노부모와 접촉할 수 없는 경우

이러한 위급한 (우발적) 상황에 부딪칠 경우 적어도 다음 두 가지를 해야 한다.

첫째, 노부모를 즉시 방문함

둘째, 위급한 상태를 발생시킨 문제를 해결함

그다음에는 아래 사항들을 다룬다.

* 부모님이 필요로 하는 치료 및 보살핌의 유형과 이를 제공해 줄 수 있는 사람들을 선정함

* 활용할 수 있는 서비스(가족과 지역사회에서 구할 수 있는)
  를 찾음
* 부모님을 다른 곳으로 옮겨 모심

서둘러 해야 할 일

부모님의 상태가 그만하여 대화를 할 수 있으면 다음 일들을
서둘러 해나간다.

먼저 부모님 자신에 관한 문서/기록 파일을 마련하도록 도와드
린다.

부모의 인적사항

* 성명, 생년월일, 출생지
* 주민등록번호
* 법적 거주지 주소
* 배우자와 자녀의 성명 및 주소(사망자가 있을 경우 사망증명
  발행구청/면사무소 소재지)
* 유언, 신탁, 출생증명, 혼인증명, 이혼증명 등을 발행하는 구
  청/면사무소 소재지
* 근무처, 고용단체, 고용주, 근무기한
* 소속교회, 절, 기타 종교단체; 신부, 목사, 스님의 성명
* 제휴하는 단체명과 회원 자격
* 받은 포상 및 표창

* 가까운 친구, 친척, 의사, 변호사, 재정상담자의 성명, 전화번호, 주소 및 e-mail 주소
* 사망 시 선택하는 매장 방법 및 매장 준비상황

재정사항 파일은 아래와 같은 자료를 갖추어 작성해두도록 한다.

재정사항 파일

* 소득 원천 및 소유자산(연금, 이자수입)
* 사회보장수당 및 의료보험
* 투자(주권, 증권, 건물 등 자산)에서 얻는 소득
* 소유하는 증권 증명
* 보험(생명, 의료, 자산에 대한)
* 은행계좌(입출식, 저축, 신탁)
* 귀중품 보관소의 주소
* 최근의 납세증명서류 보관장소
* 부채상황(채권자 및 부채액)
* 저당물 및 담보액(지불방법 및 지불일자)
* 신용카드(번호) 및 지불은행(명)
* 재산세 납부증서
* 소유하는 보석 및 가정보물의 명칭 및 소재지

유언을 작성할 준비

부모님의 유언은 부모님 본인이 생전에 작성해두는 개인적 문서이다. 그렇지 못할 경우에는 이를 작성하도록 도와드려야 한다. 부모님과 유언에 관한 상의를 하고 가능하면 변호사를 선정해서 유언내용의 공증과 기타 법적으로 필요한 절차를 밟도록 한다. 부모님의 법적 및 재정적 사항에 관해 부모님과 이야기를 한다. 부모님과 유언에 관한 상의를 한다는 것은 어려운 일이다. 그렇지만 부모님도 자기들이 세상을 떠나면 소유하고 있는 재산, 현금 및 특별한 소유물을 그분들이 원하는 데로 자녀와 특정한 사람이나 단체에 분배되기를 소원하고 있는 것이다. 유언은 법적 절차를 밟는 것이 현명한 일이다.

첫째로 변호사를 개입시키는 것이다. 신임할 수 있는 변호사를 찾는다. 그런데 변호사를 만나기 전에 다음과 같은 작업을 해두도록 한다.

* 유언을 할 사항들을 기록해둔다.
* 소유재산의 명세서를 작성한다. 즉, 소유하는 물건, 주권, 증권, 현금, 부동산 등을 기록한다.
* 유언 집행자를 선정하는 것이 좋다. 가족에 따라서는 유언집행자가 할 일이 매우 복잡하고 힘이 든다. 그래서 보수를 주어야 한다. 적당한 유언 집행자를 찾지 못하면 변호사가 집행하도록 할 수 있다.

* 흔히 증인들을 둔다. 증인은 유산을 받지 않는 사람이라야 한다. 증인에 관해서는 변호사나 유언집행자와 상의하는 것이 좋다.
* 부모님 자신이 직접 친필로 유언을 작성하여 주소를 적고 서명한 후 인감을 날인한다.
* 일단 유언을 작성하면 안전한 보관소나 보관함에 넣어둔다. 변호사가 유언의 복사판을 한 통 가지고 부모님도 이를 한 통 가지면 된다. 가족원들의 대표가 유언장이 보관된 곳을 알고 있도록 한다.
* 부모님으로 하여금 수시로 유언 내용을 검토하도록 권유한다. 부모님의 생활에도 변동이 있을 수 있고 그분들의 재산을 남겨줄 의사도 때가 지나면 달라질 수 있다. 손자녀가 출생하고 부모님이 소유하는 재산이 증식하고 지금까지 나타나지 않았던 재산이 드러날 경우도 있을 것이다. 그리고 부모님이 새로운 결단을 내려 재산의 일부를 사회복지와 장학을 위해 지역사회공동체나 학교에 기부하게 될 수도 있다. 따라서 부모님은 정기적으로 유언을 재검토해야 하며 자녀는 그렇게 하도록 조심스럽게 권유하는 것이 옳다.

부모님의 유언은 거의가 자기들이 일평생 사랑하고 보살피든 자녀를 위해서 무엇인가를 남겨주려는 정성에서 이루어진 약속이기 때문에 그런 방향으로 되어가도록 자녀는 존경심과 애정으로 그분들을 도와드려야 한다. 유언에 관한 작업을 진행하는 과정에서 다른 사람의 도움이 필요한 부분 그리고 부모님과 변호사 및 유언집행자와의 대화에서 파악한 새로운 사항들을 기록해 둔다. 이러한 절차를 밟아둠으로써 부모님이 세상을 떠난 후 법정에서 취해야 할 복잡한 상속수속을 피할 수 있다.

정보를 확보할 때 유의할 사항

부모를 방문하면 시간과 노력이 들겠지만 부모님에 관한 서류가 있는 곳을 찾고, 검토하고, 구분하고, 정리하는 작업을 한다. 부모의 서류함, 서고, 금고, 은행을 찾고 부모의 담당변호사와 유언집행인 사이에 오고간 서류를 찾아낸다. 부모는 그분들의 개인적 서류이기 때문에 자녀에게 보여주기를 꺼려할 경우가 있지만, 그분들의 귀중한 서류를 정리하고 최근에 일어난 사실들을 기재하고 증명을 새로 발급 받는 등의 절차가 필요하다는 뜻을 전하고 정리를 해드리도록 한다.

대개의 서류는 (1) 법률, (2) 재정, (3) 보험의 세 가지 종류로 구분된다. 각 종류의 서류는 제목에 따라 분류할 수 있다.

[다음 자료에는 앞서 기술한 것과 일부 중복되는 것이 있다.]

이들 세 가지 서류의 종류를 분류하면 다음과 같다.

* 법적 서류: 호적등본, 군복무기록, 유언장, 유언집행위임장, 법적 협정서, 기타
* 재정관계 서류: 은행통장, 저축통장, 연금수급통장, 저축성

증권, 부동산 등기, 투자수익, 부동산 담보, 자동차 소유권, 재산세, 임대여 증서, 병원치료비, 전화료, 신용카드, 기타
* 보험관계 서류: 주택 임대자/대여자, 생명보험, 의료보험, 기타

위의 서류를 확보해서 정리하고 나면 잊어버린 서류를 다시 작성하고, 재발급을 받아야 할 것은 다시 발급받고서 이들을 복사하여 여유분을 다른 안전한 곳에 보관한다.

가족회의

노령의 부모에 관한 사항에 대해서는 가족 전원이 참여해서 의논하는 것이 좋다. 가족 가운데 한 사람이 독단적인 결정을 내리면 부작용이 발생할 가능성이 많다. 그러지만 가족의 공동목표를 지향하여 마음과 물질을 동원하는 데는 한 사람의 지도 아래 위와 같이 작업을 진행할 필요도 있다. 가족의 크기가 작아져 노부모의 단 하나인 아들이나 딸이 위급한 일을 당해서 위와 같은 여러 가지 일을 수행해야 하는 경우가 있다. 이런 상황에 대비해서 미리부터 지원망을 구성해놓아야 한다.

사적집단이 제공하는 돌봄의 중요성

위에 제시한 다양한 부모돌봄 과업을 잘 실행할 수 있는 사적집단의 장점을 다음과 같이 요약할 수 있다. "인간중시적 가치를 발현하며 소수의 부모·고령자들에게 우발적이며 균일화할 수

없는 잡다한 정서적 및 수단적 돌봄서비스를 개별적으로 존경·존엄성을 받들며 제공한다." 이러한 돌봄을 하는 사적집단은 가족중심의 돌봄을 실행하는 주된 힘이 되고 있다. 이 집단의 중요함 아니 필요불가결함은 우리 생활의 모든 분야에서 역역하게 드러나고 있다.

하지만 사적집단은 단점을 가지고 있다. 무엇보다도 부모·고령자가 필요로 하는 기술적인 돌봄(사회심리적 및 의료적 치료를 위한)을 위한 기술, 시설 및 인력을 갖추지 못한다. 그리고 다수의 고령자를 동시에 돌보지 못하며 돌봄서비스의 효율성(경제성)을 높이는 데 어려움이 있다. 이러한 단점에도 불구하고 사적집단은 부모·고령자를 비롯하여 어린이, 장애인 등 사회적 약자를 돌보는 데 가장 중요한 역할을 하는 소집단이다.

사적집단의 장점과 단점을 다음과 같이 간추려볼 수 있다.

사적집단돌봄의 장점

* 인간중시적으로 돌봄
* 면대면의 개별적인 돌봄
* 우발적 문제에 대한 돌봄
* 균일화하지 않는 돌봄

사적집단돌봄의 단점

* 기술중심적 돌봄을 하지 않음

* 다수를 동시에 돌보지 않음
* 균일화된 돌봄을 하지 않음

위의 장단점을 더 줄여본다면, 사적조직은 '인간중시적 돌봄'을 하는 데 앞서고 공적조직은 '기술중심적 돌봄'을 하는 데 앞서 있다. 다음 장에서 부모·고령자가 필요로 하는 기술중심적 돌봄에 관하여 논의한다.

위와 같은 장단점을 가졌음에도 사적집단은 공적조직의 목적을 달성토록 하는데 절실히 필요하다. 노인요양원, 노인복지관, 노인병원, 침애요양원 등 고령자를 돌보는 모든 공적조직들은 사적집단의 첨여가 없이는 운영이 불가능하다. 더욱이 중요한 사실은 우리 문화에서는 이 사적집단의 정(情)으로 이루어진 부모돌봄이 다른 문화에 비하여 더 드러난다는 사실이다. 특히 부보자녀 간의 서로돌보는 효(孝)와 자(慈)의 원리에 따른 호혜적인 관계가 유별나게 드러난다.

부모돌봄은 우리의 정문화(情文化) 속에서 부모를 존경하며 이분들의 존엄성을 받드는 인간중시적 가치를 실현하는 윤리적 행동이다.

3장

공적조직의 돌봄:
장점과 단점

1
공적조직의 돌봄서비스

사람의 수명이 연장되고, 가족원수가 감소하고, 직장을 가진 자녀가 늘어나고, 부모와 떨어져 사는 성인자녀가 많아짐에 따라 부모를 돌보는 손길이 줄어들고 있다. 이런 과정에서 가족 외부의 공적돌봄을 필요로 하는 부모수가 늘고 있다. 바꾸어 말하면 부족한 돌봄을 보완하기 위해 가족 바깥의 공적돌봄서비스를 활용해야 하는 사적집단이 많아지고 있는 것이다. 물론 공적조직이 제공하는 기술중심돌봄이 필요해서이기도 한다.

하지만 다수 사적집단들은 여전히 부모에게 가족중심의 사적 돌봄(효)을 하고 있다. 그러나 공적돌봄서비스를 필요로 하는 사적집단수는 늘어나고만 있다. 부모돌봄을 하기가 어려울 때, 나의 부모돌봄능력이 부족하여 이를 보강해야 할 때, 여러 가지 대안들을 가족 밖에서 찾아 신축성 있게 대처해나가야 한다. 이제는 가족, 친척, 이웃공동체가 제공하는 사적돌봄 외에 국가와 사회가 제공하는 다양한 유형의 공적돌봄을 제한적이나마 활용할 수 있게 되었다.

부모돌봄에 대한 새로운 시각이 필요하다. 한국인의 성품인 체면과 수치감에 얽매이지 말고, 가족 바깥 이웃과 사회로 부모가

필요로 하는 돌봄서비스를 찾아나가 나의 사정에 부합되는 공적
돌봄을 물색해야 한다.

이 장에서는 공적조직이 제공하는 돌봄서비스의 장점과 단점,
사적돌봄과의 차이점, 공적돌봄서비스를 제공하는 과정에서 일
어나는 문제, 공적돌봄서비스를 식별하는 방법, 인간중시가치의
발현 상황 등에 관해서 살펴보고자 한다.

우리는 일생 동안 줄곧 가족 바깥의 공적조직들이 기술, 장비
및 시설을 갖추어 제공하는 다양한 기술중심 돌봄서비스를 받는
다. 우리는 병원에서 출생하여 의료돌봄을 받아나가고, 보육원에
서 보호 양육되고, 학교에서 교육되고, 교회나 법정에서 결혼하
고, 노후에 양로원에서 요양 보호되고, 법률기관을 통해서 인권
과 재산을 보호받고, 문화 및 예술 단체로부터 위안과 기쁨을 얻
고, 사회복지시설들로부터 여러 가지 돌봄서비스를 받는다.

이와 같은 돌봄서비스를 해서 사람들의 복지를 보장, 증진하는
공적조직들을 사회복지조직 또는 인간봉사조직(人間奉仕組織)이
라고 부른다. 각종 정신적 및 신체적 질환을 앓는 고령자가 많아
짐에 따라 이러한 공적조직들의 활동이 확장되고 있다. 이 공적
조직에서 사회복지사를 포함한 의사, 간호사, 요양보호사, 상담
치료사 등 인간봉사자(人間奉仕者)들은 부모·고령자와 인간관
계를 이루며 돌봄서비스를 제공한다.

공적돌봄의 긴요함

공적조직들은 치유, 교정, 재활 등 변화를 필요로 하는 문제를 가진 부모·고령자와 접촉하여 다양한 기술중심의 돌봄서비스를 제공한다. 부모·고령자의 신체적, 정신적, 사회적 문제에 대해 심리적, 의료적, 사회적 및 환경조작 기술(방법)을 적용함으로써 이분들에게 매우 중요하고 필요한 돌봄서비스를 제공한다. 노인 요양원, 노인복지관, 노인병원, 치매요양원, 종합병원을 포함한 사회복지 및 의료시설들은 현대적 기술, 기구, 장비, 시설 및 전문인력을 갖추어 기술중심 돌봄서비스를 제공한다. 이러한 공적 조직의 돌봄서비스가 없이는 건강쇠퇴기에 들은 부모·고령자의 생의 질을 높여 이분들의 복지를 바람직하게 유지, 증진하기가 어렵다. 가족중심의 사적집단이 하지 못하는 기술중심적 돌봄서비스를 제공하기 때문이다.

덧붙일 사실은 공적조직의 돌봄활동이 위와 같이 확장되고 있지만, 다수 고령자들은 여전히 가족(사적집단)의 돌봄을 선호하고 있다(이승호, 신유미, 2018). 이 사실은 가족의 인간중시적 돌봄을 원하고 있음을 시사한다고 본다.

2
인간중시적 가치의 구현

위와 같은 돌봄서비스를 받는 부모·고령자는 '존엄성'을 간직한 고귀한 사람들이다. 따라서 공적조직은 이분들에게 기술중심 돌봄서비스와 함께 인간중시적 돌봄서비스를 제공해야 한다. 기술, 장비 및 설비를 갖추어 많은 사람들에게 돌봄서비스를 제공하는 이 공적조직들은 정도의 차이는 있으나 앞장에서 지적한 관료제 속성을 지닌다.

이런 공적조직을 인간화, 즉 인간을 중시하는 조직으로 만드는 것이 중대한 과제로 떠오른다. 그래서 조직연구자들은 공적조직의 인간화를 조직행정 개혁의 기본원칙으로 삼고 있다(오세영, 2018; 오석홍, 2016; Hasenfeld, 2017; Litwak, 1985). 돌봄서비스를 받는 고객들의 인간다운 속성을 존중하고 북돋우며 돌봄서비스를 제공토록 공적조직을 인간화하는 원리이다. 이 원리를 따라 인간중시적 가치를 강조하는 행정개혁을 연구자들이 시도해왔다.

공적조직을 인간중시적 돌봄체계로 개혁하는 데 목적이 있는 것이다. 이런 목적을 지향하여 공적조직의 운영자는 조직성원들에 대한 감시와 통제 등 규제를 최소화하고, 권력을 분산하고, 소통을 증진하여 이들에게 힘을 실어주어야 한다. 이렇게 관료제 속성을 줄여 인간중시적 체계를 갖추어 고객에게 양질의 돌봄서비스를 제공하려는 것이다(오세영, 2018; 오석홍, 2016; Hasenfeld, 성규탁 역, 1995).

부수적인 문제

일반적으로 공적조직은 조직성원들 간의 정실관계를 떠나 이들의 업무실적(생산성, 경제적 실적)을 강조한다. 이렇게 업무실적을 강조하기 때문에 돌봄서비스 제공자는 흔히 고령의 고객들의 인간성을 경시하거나 도외시하는 수가 있다. 즉, 돌봄서비스를 받은 고객의 수와 같은 통계숫자를 중시하고 이 숫자가 어떤 과정을 통해서 이루어지는가에 대해서는 별로 관심을 갖지 않는 경향이다.

그런데 중요한 점은 공적조직의 경우 사람(돌봄서비스를 제공하는 자)이 사람(돌봄서비스를 받는 고객)을 다루는 순전한 인간 대 인간의 인간관계 속에서 돌봄서비스가 이루어진다는 사실이다. '인간'이란 주제에 관심을 가지는 이유는 다음과 같은 사회복지조직의 공통된 문제가 있기 때문이다.

공적조직은 돌봄서비스를 받는 고객을 업무실적(생산성)을 달성하기 위한 도구로 보는 시각을 갖는 경향이 있다. 뿐만 아니라 고객을 무시하고, 차별하며, 학대하는 비인간적인 처우를 하는 사례들이 많다. 이런 바람직하지 못한 사례들은 사람돌봄의 지상목표인 인간존엄성의 가치를 발현하는 데 부정적 영향을 미칠 수 있는 것이다. 돌봄서비스를 받는 부모·고령자에게 미칠 수 있는 이러한 부정적 영향을 어떤 방식으로 감소, 억제할 수 있는가?

인간적 관계로 이루어지는 돌봄

제2장에서 우리의 전통적인 문화적 가치인 인간존중과 인간애를 밝히고, 퇴계와 Rogers 교수의 이러한 가치에 대한 가르침, 그리고 Gambrill 교수가 고객존중을 강조한 사실을 들어보았다.

고령의 고객을 존중과 인간애를 발현하며 돌본다는 것은 공적조직의 운영자와 제공자가 다 같이 간직해야 하는 기본적인 가치이고 실천준칙이라고 본다. 사회복지시설(공적조직)의 관리자와 제공자가 가지는 돌봄에 대한 가치관이 이 시설에 수용된 고객을 위한 돌봄서비스의 성격과 결과에 지대한 영향을 끼친다. 사람을 돌보는 데 사용되는 돌봄기술(방법)은 신발이나 책상을 만드는 데 사용되는 기술과 같을 수 없다. 따라서 시설의 관리자와 제공자는 적어도 다음 두 가지의 상호 연관된 과제들을 다루어야만 한다.

첫째, 사람을 돌보기 때문에 돌봄방법에 '도덕적' 차원이 반영되어야 한다. 둘째, 사람을 돌보는 데는 제공자와 고객 간의 '인간관계'를 필요로 한다. 이 두 가지 과제가 사람돌봄에서 신중하게 다루어져야 한다. 이 과제들을 다루는 과정에 제공자의 가치관이 쉽게 스며들어 돌봄서비스에 커다란 영향을 미치게 된다.

돌봄서비스를 받는 고령자들은 폭넓은 사회적 배경을 가지며 각자 도덕적 가치를 간직하고 있다. 돌봄서비스를 제공하는 공적조직의 관리자와 제공자가 이분들에 대해 어떠한 가치적 시각을 가지고 도덕적 평가를 하느냐에 따라 제공되는 돌봄서비스의 방식과 내용이 달라질 수 있다. 사람은 다양한 속성을 지니며 개입에 대한 반응은 사람마다 다를 수 있다. 개입과 개입결과 간의 인과(因果) 관계를 입증하기도 어렵다. 이러한 문제 때문에 고객과 제공자 간의 '인간관계'가 매우 중요한 요인으로 떠오른다.

3

인간중시적 돌봄의 발전

인간중시적 시각을 가진 연구자들은 평등한 인간관계를 이루는 수평적 조직구조를 선호한다(박동식, 1986; 오석홍, 2016; Katz & Kahn, 1982; 오세영, 2018: 191-196). 이런 수평적 조직구조는 사람을 돌보는 사회복지조직을 운영하는 데 합당하다는 해석이 드러났다(Street, Vinter & Perrow, 1970; Litwak, 1985; Hasenfeld, 2017).

인간중시적 가치를 실현하는 조직을 선호하는 경향은 민주주의를 신봉하는 여러 나라들에서 현저하게 나타나고 있다. 1950년대부터 저명한 학자들이 조직 내의 인간관계에 관한 연구를 해나와 이에 대한 경험적 자료를 대량 산출하였다. 이 연구의 결과가 조명하는 주요한 사실은 조직 내에서 사람을 중시하는 가치가 발현되면 그 조직의 생산성(업무실적)이 오른다는 것이다(Hasenfeld, 1985; 성규탁 역).

[주: E. Mayo 교수는 Hawthorne 전화기제작공장에서 작업장의 조명(밝음과 어둠의 변화), 환기(실내 온도, 습기 등의 변화), 청결, 장애물 제거 등과 같은 물리적 조건보다도 종업원

들 간 그리고 감독자와 종업원들 간의 인간적인 관계(서로 간
의 의사소통, 서로에 대한 관심과 존중, 친목과 화합)가 업무
수행에 더 많은 영향을 미친다는 사실을 발견하였다.]

위와 같은 인간관계에 관한 조사연구는 급기야 '인간관계론'의
대두를 보게 되었다. 인간관계론의 초점은 조직의 관리자와 성원
들이 서로 존중하며 화합하고 친목하는 긍정적인 인간관계를 이룩
함으로써 조직의 업무실적(생산성)을 향상시킬 수 있다는 데 있다
(Hasenfeld, 1983; 성규탁 역, 1985: 32-42).

[주: R. Likert(1961) 교수(5단위측도 창안자)는 조직 내에서
서로 존중하는 인간관계가 이루어지면 종업원들의 작업동기
를 유발하게 되며 급기야 생산성을 올리게 됨을 여러 실험조
사를 통해서 입증하였다(Blake & Mouton, 1964).]

인간관계론은 사회복지조직연구로 확대되어 제공자와 고객 간
의 인간관계를 중시하는 이론을 정립하였다. 이 이론의 핵심은
사회복지조직운영에 참여하는 사람들 – 고객, 제공자, 관리자 –
을 존중하며 인간적인 대우와 돌봄서비스를 하는 데 중점을 두
는 인간중시적 가치이다.
이러한 가치는 앞장에서 논의한 우리의 고유한 전통사상이 담
고 있는 사람을 존중하고 사랑하는 인간중시가치와 상통하는 것
이다. 우리는 이러한 가치를 오랜 세월 동안 여러 세대에 걸쳐
받들며 실행하고 있다.

<u>4</u>

부모·고령자를 위한 공적돌봄

부모·고령자를 위한 시설

성인자녀와 떨어져 사는 병약한 부모를 단기적으로나 장기적으로 보호시설 또는 요양시설과 같은 공식조직에 입원시키는 대안을 택하는 경우가 흔히 생긴다. 노인홈, 노인요양원 또는 치매환자요양원에 입원하는 분들은 대개가 정신적으로나 신체적으로 질환과 장애를 가진 분들로서 직장에 다니는 자녀가 아침부터 저녁까지 이분들과 함께 있으면서 보살피기가 매우 어렵다. 따라서 상태에 따라 전문적인 돌봄을 24시간 받을 수 있는 시설이나 홈을 골라서 입원하도록 하는 것이 가족에 따라서는 합당한 대안이 될 수 있다.

노인시설은 여러 가지 유형이 있으며 그 형태와 설립자(공설 또는 사설), 크기, 시설의 안전도, 시설의 환경, 서비스의 유형과 범위 및 전문성 정도, 비용부담의 유무 등이 다르다. 입원한 분들의 개인적 특성도 다르고 신체적 장애와 질환도 다르다. 이러한 다양한 조건들에 알맞은 시설과 홈을 선택하는 데는 노력과 시간이 필요하다. 장애가 심하거나 24시간의 보호와 감시를 받아야 할 분에게 지속적으로 재활, 약물투여, 식이요법, 방사선치료 등을 하는 의사가 정규적으로 왕진을 해서 진단과 치료를 해주고, 전문간호사가 돌보며, 사회복지사의 상담도 받을 수 있는 시설을 선택하도록 한다.

노인복지법시행규칙에 의거 운영되는 다음과 같은 시설(공적조직)이 있다.

* 노인의료복지시설
　노인요양시설(실비, 유료)
　노인전문요양시설(유료)
　치매환자요양원
　노인전문병원
* 노인주거복지시설
　양로시설(실비, 유료)
　노인복지주택(실비, 유료)
* 노인여가복지시설
　노인복지회관
　경로당
* 재가노인복지시설
　가정봉사자파견시설
　주간보호시설
　단기보호시설
* 노인보호전문기관

노인학대 예방 및 방지를 위한 홍보

학대받는 노인의 발견, 상담, 보호, 의뢰

사회복지시설 입소 주선

학대자에 대한 상담 및 교육

시설을 선택할 때 고려할 사항

시설을 선정할 때는 다음과 같은 사항을 참고할 필요가 있다.

* 시설의 분위기가 안락하고 가정적인가, 내부와 외부가 말쑥하게 꾸며져 있는가, 실내 공기가 잘 환기되는가?
* 시설은 정부의 인가를 받았는가?
* 면허증을 가진 간호사가 24시간 간호하는가?
* 의사의 감독하에 서비스가 전달되며 필요시에 의사의 왕진을 받을 수 있는가?
* 약은 면허된 약사가 조제하는가?
* 식사를 노인의 개인적 상태에 맞게 마련해주는가?
* 재활서비스를 제공해주는가?
* 오락, 레크리에이션 및 사교활동을 할 수 있는가?
* 시설이 안전하게 설치되어 있는가?
* 시설관리인과 요원들은 경험이 있고 공인된 자격이 있는가?
* 요원들은 친절하고 실제적인 도움을 주는가?
* 시설이 교통이 편리한 곳에 위치해 있는가?
* 의사, 사회복지사, 간호사 등이 추천하는 시설인가?

시설을 선정할 때는 그 지방의 노인협회, 노인회, 노인복지관, 노인의 전화, 병원의 노인병과와 사회사업실, 보건소, 사회복지관을 비롯한 노인의 복리를 위해 봉사하는 단체들에게 문의해서 그 시설이나 홈에 대한 전문적 의견을 들어보는 것이 좋다. 이상 고령의 부모를 돌보는 데 필요한 돌봄서비스와 제공자에 대해 알아보았다.

　이제는 가정 바깥에서 다양한 공적돌봄 서비스를 받을 수 있게 되었다. 가족이 제공할 수 없는 이러한 돌봄서비스를 가족 바깥에서 물색하여 활용할 수 있어야 한다. 한국인의 속성인 체면 차림과 수치감에 얽매이지 말고 진취적으로 합당한 돌봄서비스를 찾아나가야 한다.

　고령자들의 복리를 위해 봉사하는 집단들과 단체들 가운데는 정부가 지원하는 것도 있지만, 민간이 운영하는 비영리단체들도 있다. 이들이 고령자와 가족에게 제공하는 서비스의 종류가 다양해지고 있다. 종합병원에서는 노인병과를 포함하여 여러 병과들에서 현대적 의술을 적용하여 노환자들을 진단, 치료하고 있다. 한편 일반 공적조직으로부터 받을 수 있는 비의료적 서비스에는 다음이 있다.

　* 노인복지관에서 제공하는 다목적 서비스
　* 공동급식
　* 교통편 제공
　* 허약한 노인을 위한 일시 위탁서비스

* 보호자 지원서비스
* 유언과 상속에 관한 법률상담
* 레크리에이션
* 각종 자원봉사

그런데 지역에 따라 어떤 종류의 서비스는 입수할 수 없는 경우가 있다. 이 때문에 이들 공적조직들(집단, 단체)이 제공하는 돌봄서비스에 대해 사전에 알아두어야 한다. 이들의 전화번호, 주소, e-mail을 알아두고 가능하면 오전 일찍 전화를 해서 정보를 얻는다.

돌봄서비스 제공자의 역할

많은 부모·고령자들은 여러 가지 문제와 질환을 가져 사회복지시설과 보건의료시설을 자주 찾는다. 고령환자 수는 늘고 있다. 매우 큰 문제는 이분들이 병원에서 퇴원한 후 돌보는 일이다. 퇴원 후 어떻게 돌보아 나가느냐는 문제를 두고 걱정하는 가족들이 많다. 퇴원할 환자의 가족은 퇴원 전 그 병원의 사회복지사를 찾아 퇴원자가 앞으로 거주할 지역사회에서 입수할 수 있는 각종 돌봄서비스에 대한 정보를 얻고, 돌봄을 제공하는 기관과 시설로 의뢰를 받도록 주선할 수 있다. 이러한 시설의 대표적인 것이 앞서 소개한 정부주도로 개발이 시작된 커뮤니티케어(Community Care) 센터이다. 집과 요양원·병원 사이의 중간시설이다.

다음 사항들을 참조해서 퇴원준비를 하는 것이 바람직하다.

병원에서 퇴원한 후 회복기에 들어서도 특정한 기간 외부의 돌봄을 계속 받아야 한다. 성인자녀가 떨어져 살면서 돌볼 수 없을 경우에는 부모가 사는 지역에서 필요한 가족 바깥 돌봄서비스를 물색해야 한다. 해당 지역 내의 친지, 사회복지시설, 노인의 전화, 보건소, 동사무소, 종교단체, 자원봉사그룹 등을 통해 도움을 구할 수 있다. 부모가 건강할 때부터 그 지역에서 얻을 수 있는 서비스와 도움의 종류, 제공자(주소, 전화번호, 이메일), 비용 등에 대한 정보를 수집해나가야 한다.

고령자가 필요로 하는 돌봄에는 여러 가지 유형이 있다. 예로 심장질환이나 지체장애를 가진 고령자들 가운데는 하루에 한 끼의 식사와 일주일에 한 번 빨래만 해주면 정상적으로 생활해 나갈 수 있는 분들이 있다. 한편 중증 질환을 가져 장기적으로 집중적인 돌봄과 치료를 받아야 할 분도 있다. 예로 치매, 심장마비 또는 뇌졸중을 앓았거나 심한 정신질환을 가진 분들은 24시간 돌봄과 보호를 받아야 한다. 이분들은 신체적으로 마비가 되지 않았다 해도 지속적인 보호와 전문적 간호가 필요하다. 이런 상황에서 흔히 노인요양원에 입원하는 대안을 선택하게 된다.

집중적인 돌봄이 필요한 분들도 자기 집이나 자녀 집에 거주하면서 간호를 받을 수 있다. 이러한 중환을 가진 분들을 돌본다는 것은 쉴 사이 없이 계속되는 일이기 때문에 정신적으로나 육체적으로 매우 힘이 든다. 보호자는 자기 자신을 위해 때를 가려 휴식과 안정을 취할 필요가 있다. 이럴 때 지원망에 속하는 친척이나 가까운 친구 또는 자원봉사자가 일정 시간 동안 대신 환자를 돌보아 주도록 부탁할 수 있다. 그리고 가정방문 간호사가 무료 또는 유료로 환자를 간호하도록 할 수도 있다. 중증환자인 부모를 보살피는 일은 어려운 일이기 때문에 가족원들(친척포함)이 사전에 회의를 해서 어느 가족원이 어떠한 돌봄을 어느 정도로 분담하고, 어떤 책임을 어느 기간 동안 질 수 있는가, 그리고 부모를 간호하는 일이 자신들의 가족(배우자, 자녀)에게 어떠한 불편을 가져다줄 수 있는가에 대한 상의가 있어야 한다. 이렇게 함으로써 가족원들의 어려움을 상호 이해해서 불이익을 최소화하고 돌봄을 위한 협동과 화합을 이룩할 수 있다. 그런데 가족이 정성스럽게 측은지심으로 돌보겠지만 간호의 질이나 결과를 본다면 공적시설인 요양원에서 전문인들이 제공하는 기술중심적 돌봄을 받는 것이 더 나을 수 있다.

사람마다 자기의 사생활 및 인생관을 좌우하는 개인적 신조, 문화적 배경, 종교적 믿음을 가지고 있다. 따라서 '제공자'(의사, 간호사, 사회복지사, 물리치료사 등 케어를 제공하는 전문인)는 무엇보다도 먼저 고령자와 그의 가족을 존중해야 한다. 즉, 인간중시적 가치를 발현해야 한다. 우리 문화에서는 겸손하고 체면 차리는 것을 중요시해서 환자는 치료자의 말에 순종하는 경우가 많다. 그렇지만 치료자는 권위적인 태도를 가지지 않도록 조심해야 한다. 그렇지 않으면, 환자를 자기로부터 유리시키게 되고, 앞으로 케어를 계속하는 데 필요한 바람직한 치료자-환자 관계를 이룩하기 어렵게 된다. 제공자는 노환자가 솔직하고 열린 대화를 하도록 이끌어야 한다. 제공자는 환자가 말하는 데 힘과 자신감을 갖도록 지지해주고, 그의 가족원도 편안한 마음으로 대화하도록 유도해야 한다.

대화를 촉진하는 첫째 요건은 다름 아닌 환자를 '존중'하는 것이다. 즉, 그에게 관심을 가지고, 그를 중요시하고, 그에게 도움이 되는 것을 해주고자 하는 성의를 보여주는 것이다. 그리고는 그의 문제에 대해 하나하나 살펴나가기 시작한다. 고령환자와 대화할 때는 그에게 충분한 시간을 주어야 한다. 고령환자는 듣고 생각하고 응답하는 데 시간이 걸리고, 검사복으로 갈아입는 데도 보통환자보다 시간이 더 걸린다. 그리고 고령환자는 여러 가지 의학적인 문제를 가지며 복잡한 치료절차가 필요하기 때문에 치료자의 많은 시간을 필요로 한다.

고령자의 이런 특수한 문제를 슬기롭게 해소하려면, 환자가 필요로 하는 어려가지 작업과 절차를 다른 제공자들 - 의사, 간호사, 사회복지사, 검진기사, 자원봉사자 등 - 과 협의, 협동하여, 초진 때부터 이들로 부터 협조와 도움을 받아나가도록 주선하는 것이 좋다.

인지력손상 환자와 대책

고령자를 돌보는 치료자는 흔히 치매와 같은 인지적 장애를 가진 케이스를 다루게 된다. 가족원들이 함께 와서 환자의 기억력 상실과 기능 퇴화에 대해 걱정을 하게 된다. 인지력 저하는 여러 가지 병인이 있는데 어떤 문제는 치유할 수 있으나, 대개의 경우는 전문적인 진단을 해서 치료를 받아야 한다. 치매환자의 경우는 환자와 가족과 합동해서 치료방안에 대해 협의해야 한다. 약물치료에 못지않게 긴요한 것은 치유를 위한 전략, 교육 및 지지이다. 집안에서도 의사지시에 따라 환자의 변화에 대한 정보를 파악하고, 용태변화에 관해 치료자에게 알리고, 상태를 기록해나가야 한다. 가족원은 환자와 대화하는 방법을 학습해야 한다. 예로 복잡한 단어를 나누어 환자에게 전달한다든지, 환자가 할 일을 작은 부분으로 나누어 하는 기법을 사용하는 것이다. 꼭 알아야 할 점은, 어떤 인지적 및 행태적 문제는 병적인 현상이어서 환자의 통제 밖에 있다는 사실이다. 지속적이고 정기적으로 돌보아나가야 환자에게 도움이 된다. 가장 어려운 문제가 무엇인지를 파악해두어야 한다. 치매는 가족원에게 정신적 및 신체적으로 커다란 어려움을 끼쳐 흔히 돌보는 가족원을 소진하게 만든다. 그래서 돌보는 가족원을 '숨은 환자' 또는 '제2의 환자'라고 부른다.

고령자를 치료하는 데 있어서는 특히 죽음과 죽음에 이르는 과정에 대한 배려가 필요하다. 치료자와 보호자는 이 과제를 머리에 두고 있어야 한다. 대개의 고령환자는 자신의 죽음에 대해 가족과 친지하고 이야기하고 죽음에 앞서 해야 할 일에 대해 의논한다. 그리고 치료과정에서 인공호흡기와 급식튜브를 사용해서 장기치료를 할 것인가에 대해서도 의견을 토론한다. 가족은 담당의사와 임종 시의 의료에 관한 상의를 해나가야 한다.

고령환자와 병원방문

다수의 고령환자들은 장기간의 병력을 가지며 여러 가지 약을 복용하기 때문에 병원을 자주 찾아 치료자와 접촉하며 후속절차를 위한 수속을 밟아나간다. 공적조직인 병원은 시간과 비용을 합리적으로 절감해야 하기 때문에 고령자를 위한 접수, 면접, 진료, 퇴원을 경제적인 요건을 염두에 두고 짜나간다. 고령환자들 가운데는 장애를 가진 분들이 많기 때문에 병원에 도착할 때부터 이동에 지장이 없도록 휠체어, 워커 등 이동보조기를 제공해 줄 준비를 해야 한다. 그리고 이분들은 치과의사, 물리치료사, 발치료사 등 다른 의료서비스 제공자들을 만나야 할 경우가 많다. 이들과 연결되도록 도와야 한다.

병원 측은 환자에 대한 여러 가지 정보가 필요하다. 가급적이면 환자의 가족이 함께 병원에 와서 환자에 대한 정보를 제공토록 하는 것이 좋다. 면접할 때는 부드럽고 분명하게 천천히 이야기하도록 한다. 고령자는 흔히 보청기를 사용하기 때문에 보청기를 켜놓도록 부탁해야 한다. 대화를 할 때는 환자가 잘 알도록 글을 쓰거나 도면 또는 사진을 사용해서 설명할 수 있다.

고령환자의 문화적 관습, 가치관, 종교를 알아둘 필요가 있다. 이런 정보는 치료방법을 택하고 진료를 진행하는 데 매우 중요하다. 동반해오는 가족원이 이런 부수적인 정보를 제공할 수 있다. 환자의 치료에 대한 불만족은 흔히 불충분하거나 불확실한 정보 때문이다. 그분이 필요로 하는 정보를 모든 방법을 활용해서 전해주어야 한다. 이를 위해 환자를 위한 교육프로그램도 실시할 필요가 있다. 한편 병원 바깥의 지역사회에서 환자와 가족이 필요로 하는 요양보호사, 방문간호사, 간병동아리, 자원봉사간병인의 도움을 받을 수 있다. 하지만 병약한 고령자가 이러한 도움을 받기 위해서는 미리부터 가족원들, 친지들, 지원자들로 이루어진 지원망을 꾸며 놓을 필요가 있다.

사회복지서비스 활용

자체돌봄기능이 약해진 가족이 으레 찾는 이가 공적조직에 속하는 사회복지사들이다. 사회복지사들은 눈에 잘 띄지 않는 사회 저변에서 빈곤, 차별, 폭행, 소외, 재난, 약물남용, 문화적 차이, 가족문제 등 어려움을 겪는 사람들-흔히 사회적 약자-을 대상으로 그들의 직업윤리인 인간존중-인간애를 준수하며 봉사하고 있다. 경쟁이 격심한 자유경제체제하에서 지친 사람들의 이런 문제들을 예방, 교정, 해소하여 이들이 건전한 사회성원으로 재활, 자립하도록 돕는다. 사회복지사들은 우리가 지향하는 복지사회의 기틀을 다지는 시멘트와 같은 역할을 한다.

부모와 떨어져 사는 가족이 부모를 돌보는 데 어려움을 겪는 사례가 늘어나고 있다. 정부와 NGO는 사회복지서비스의 개발을 위해 다각도로 노력해오고 있다. 그러나 이들의 힘만으로는 핵가족과 분산된 가족들에게 충분한 지원을 제공하기가 어렵다. 정부의 노력과 함께 사적집단(가족과 이웃공동체)이 고령자를 돌보는 기능을 수행할 필요성이 커지고 있다. 발전도상에 있는 우리의 사회복지제도를 보완하는 데 가족과 이웃이 커다란 역할을 할 수 있다는 사실을 우리는 재인식할 필요가 있다. 그러나 우리가 다루는 사회복지서비스는 어디까지나 가족의 제한점을 보완해주는 데 그 목표를 두어야 하며, 결코 가족의 기능을 대행하는 방향으로 나가서는 안 된다.

공적돌봄을 위한 자원

가족 외부의 공적도움을 얻기 위해서는 지역사회를 살펴보아야 한다. 요즘에는 대개의 지역 내 또는 지역주변에 고령자를 위한 돌봄서비스를 제공하는 시설과 전문인이 있다. 사회복지사를 비롯해서 의료계의 신경정신과, 통증진료, 치과치료, 응급치료를 하는 전문의들이 있으며 단기 또는 장기 치료를 하는 개인병원과 종합병원이 있다. 그리고 노인병원, 노인요양원, 치매요양원, 노인복지관, 사회복지관, 사회사업기관을 비롯해서 거택서비스와 시설중심서비스를 제공하는 민간단체들이 있다. 문제는 이러한 공적조직들의 다수가 큰 도시에 집중되어 있어 지방에 사는 분들에게는 접근하기가 힘든 경우가 많다. 그리고 조직에 따라서는 돌봄서비스를 신청해오는 케이스들이 너무 많아 기다리는 시간이 길다. 어느 돌봄서비스가 부모에게 적당한가 또 적절한 돌봄서비스를 어떻게 신청하느냐에 대해 잘 모르는 수가 있다. 대개의 경우 사회복지사가 그 지역의 사회복지(노인복지를 포함한)와 연관된 사정을 알고 있다. 사회복지사들은 직접적인 도움도 줄 수 있을 뿐만 아니라 고령자가 필요로 하는 돌봄서비스를 제공하는 전문인, 기관 또는 시설로 연결해주는 의뢰서비스도 한다.

<u>5</u>

고령자를 위한 공적돌봄: 사례

고령자를 돌보는 여러 형태의 공적조직들은 가족이 전통적으로 해온 돌봄을 대신하는 경우가 많다. 이러한 공적조직들의 대표적 보기가 '노인요양원'과 '노인복지관'이다. 노인요양원과 노인복지관은 고령자를 위한 사회복지의 주축을 이루는 공적돌봄 서비스 제공자이다(최재성, 2016; 유영림, 김명성, 배영미, 2018). 이 두 공적조직들이 제공하는 돌봄서비스의 특성과 사적집단과의 대조적인 면을 고령자와 제공자와의 상호관계를 중심으로 살펴보고자 한다.

1) 사례 Ⅰ: 노인요양원

노인요양원은 통신정보처리장비, 온냉방시설, 안전장치, 위생시설, 간이치료시설, 운동기구, 교통수단 등 물리적이고 기술적 요건을 갖추고 운영된다. 주된 인력은 요양·보호기술을 사용하는 요양보호사이다. 요양원은 자립하기 어려운 병약한 고령자에게 무료 또는 저렴한 요금으로 급식, 간병, 물리치료, 신체활동,

주거활동, 24시간 보호 등 일상생활에 필요한 돌봄서비스와 아울러 의료보호와 사회복지서비스를 제공하는 생활시설로서 노인장기요양보험법에 따라 운영되는 공적조직이다. 저소득층, 독거노인, 기초생활수급자, 거동불편장애인이 주된 돌봄서비스 대상자이다.

수다하게 설립된 요양원들은 수익을 올려 적자운영을 피하기 위해 최소한의 돌봄인력을 투입하여 최대수의 입소고령자를 위한 돌봄서비스를 가능한 한 균일화하여 경제적 실적(생산성)을 올리는 방향으로 운영되고 있다. 대다수 요양원들은 관리자(사업주)의 위계적 권위하에 요원의 주축을 이루는 3~4명의 계약직 요양보호사들, 1~2명의 간호보조사들, 1명의 사회복지사 등이 경제적 동기화로써 구분된 작업을 문서화된 규칙에 따라 생산성 위주의 돌봄서비스를 하는 관료제 성격을 띤 소규모 공적조직이다(최재성, 2016; 정은경, 2017; 정승은, 이순희, 2009; 편상훈, 이춘실, 2008: 261-287).

공식규정에는 요양보호사 1인당 2.5인의 입소고령자들을 돌보게 되어 있으나, 실제로는 대다수 요양원들의 경우 1인당 4~5인을 돌보고 있다. 요양원 돌봄인력의 주축을 이루는 요양보호사는 낮은 보수(월 150~180만 원)를 받으면서 높은 노동강도의 돌봄작업을 고용불안을 겪으면서 거의 휴식시간이 없이 하루 8시간이 넘도록 일하고 있다. 직무만족은 낮고 이직률이 높다. 2년 이상 근속자가 25% 이하이다.

이들이 제공하는 돌봄서비스의 유형은 다양하다. 기저귀 갈기,

침구정리, 식사 케어, 방안일, 배설 관리, 화장실 케어, 목욕, 오물청소, 빨래, 이미용 서비스, 급여제공, 환자돌보기 그리고 사회적응서비스, 나들이, 기록작성 등에 이르기까지 에너지를 투입한다. 거의 고령자 옆을 떠날 수 없이 지속적으로 돌보아나간다.

위와 같은 다양한 유형의 돌봄 가운데서 기저귀 갈기의 사례를 보면, 요양보호사가 겪는 어려움과 입소고령자가 당하는 불편 내지 불이익을 감지할 수 있다. 신체적으로 부자유하고 병증을 가진 고령자들의 기저귀를 가는 일은 요양보호사가 하는 일 가운데서 가장 어려운 일이다. 하루 평균 6~8회를 갈아야 한다. 돌봄을 받는 고령자에게도 힘든 일이다. 무엇보다도 일정한 시간을 정해서 모두의 기저귀를 갈아주기 때문이다. 돌봄서비스를 개별화하지 않고 균일화해버리는 것이다. 고령자들은 가는 시간까지 참아야 한다. 소모되는 기저귀 수는 (경제적으로) 적어질 수 있으나 가는 시간까지 참아야 하는 고령자들의 불편과 고통은 가히 짐작할 수 있다. 화장실의 휴지도 최소한의 양만 사용하도록 제한한다. 발톱깎기도 하나를 가지고 한 동의 입소자들 모두가 사용한다. 게다가 요양시설이 올바르게 갖추어져 있지 않아 병약한 고령자를 바람직하게 돌보는 데 어려움이 있다. 한편 입소자가 요양보사에게 욕설을 하고 폭력을 행사하는 불상사가 일어남이 조사 보고되고 있다(유상호 외, 2016).

한 사람뿐인 사회복지사는 행사, 지역협동, 교육 등 외부활동에 많은 시간을 보내며, 내부에서는 프로그램운영, 정보시스템운영, 일당업무평가, 근무일지작성 등 주로 서류작성을 하는 데 많은 시간을 보낸다. 보통 저녁 9시가 되어야 퇴근한다. 역시 박봉으로 업무과다 때문에 소진 및 이직 현상이 발생한다. 이런 업무과다에 따른 시간제한 때문에 사회복지전문직 본연의 상담, 치유, 의뢰 등을 하기에는 역부족이다. 입소고령자들은 여러 가지 개인적(정서적, 신체적, 사회적) 및 가족적 문제를 가졌음에도 불구하고 개별적으로 상담서비스를 받기가 어렵다. 대체로 고령의 입소자와의 정실관계를 이루면서 개인적 돌봄을 하기 어려운 맥락에서 일과를 수행하고 있다.

간호조무사(입소자 25인당 1명 배정)는 거의가 만성질환을 가지며 장기적 요양이 필요한 입소고령자들을 위한 건강진단, 투약관리, 식사수발, 병원의뢰, 상담-교육, 욕창간호, 신체수발, 통증관리 등 노동강도가 높은 간호서비스를 요양보호사와의 협동하여 행한다(이경자 외, 2004; 정승은, 이순희 2009). 이들 역시 저렴한 보수로 규정된 수 이상의 입소자를 돌보는 고강도의 업무를 업무시간을 초월하여 행한다(성기월, 2005). 1인1회 고령자대상 소요시간은 보통 30분이지만, 돌봄대상자 수의 과다 때문에 훨씬 짧게 하는 경우가 많다.

다음에 요양원의 돌봄서비스와 관련해서 사적집단과 대조적인 특성을 살펴보고자 한다.

요양원의 돌봄서비스 요원

요양원의 사회복지사, 요양보호사, 간호조무사 등 제공자들은 지식검정을 위한 취업시험을 치루고 채용되어 조직생활에 대한 훈련을 받고 직업경험을 쌓는다. 이들은 문서화된 규칙, 위계적 구조하에 개인생활스타일과 인간적 정실에 구애 받지 않으면서 합리적으로 돌봄서비스를 수행하며 수행실적에 따라 보상을 받는다. 이 모두가 관료제적 속성이다.

사적집단에서는 대조적으로 집단성원들이 면대면의 만남, 정으로 이루어진 친밀한 관계, 화합 및 협동을 이룬다. 이들은 태어남으로써 그리고 결혼으로 자연적으로 집단성원이 되어 사랑, 우정, 친밀성으로 인간적인 관계를 맺는다. 전문적 지식, 경험 및 훈련이 없이 가족집단 내에서 평소의 사회화를 통해 습득한 생활스타일을 갖춘 집단성원이 된다.

돌봄서비스의 특성

요양원이 제공하는 돌봄서비스는 위에 지적한 일련의 관료제적 속성을 바탕으로 이루어진다.

사적집단에서는 대조적으로 돌봄서비스를 집단원들 간의 상호존중, 인간애, 공동의 생을 위한 결속 및 화합과 같은 인간중시적 가치에 바탕을 둔 평생 이어지는 사명감으로 실행된다. 사적집단을 이루는 하위집단들(가족, 친족, 이웃, 친구)은 여러 가지 면에서 서로 다를 수 있다. 그러나 이들은 공적조직 성원들보다 더 인간적인 친밀성을 간직하는 공통점을 간직한다. 그리고 이들이 가지는 대가족(부모의 핵가족과 자녀들의 핵가족들로 이루어진 가족망)은 친밀하며 서로 돌보는 인간적 정관계를 갖는 공통점이 있다.

돌봄동기의 유발

요양원에서는 정실관계가 약하거나 최소화되어 경제적 보상과 같은 합리적 수단으로 제공자의 돌봄동기를 유발한다.

사적집단에서는 가족, 친척 등이 애정, 존중, 측은지심과 같은 인간중시적 가치를 바탕으로 하는 친밀한 관계가 돌봄동기를 유발한다.

기술적(수단적) 돌봄

요양원은 음식조리, 급식, 주거, 난냉방, 위생, 운동, 오락, 안전, 교통을 위한 시설, 장비, 도구, 차량을 갖추어 기사가 이를 운용토록 한다. 모두가 기술적이고 수단적(물질적) 돌봄서비스이다.

사적집단은 대조적으로 이러한 기술적인 돌봄서비스를 제공하지 못하거나 부분적으로 제공한다.

돌봄서비스의 균일화와 비개별화

돌봄서비스의 균일화와 비개별화는 입소고령자의 일상생활의 여러 면에서 나타난다. 아침 6~7시에 기상하고, 저녁 10~11시에 취침 하는 동안의 일과(식사, 교육, 운동, 여가 등)는 시간적으로 미리 짜여 있고, 그동안의 제공하는 돌봄서비스와 고령자의 활동도 모두 미리 짜여 있다. 노입소자 개인의 사정과 선택에 따라 개별화되지 못하고 균일화되어 있다.

요양원은 노입소자들을 위한 돌봄서비스를 개별화하지 않고 균일화하며, 입소자와 서비스제공자 간 개별적 정실관계를 최소화하는 경향이다. 사실 소수의 제공자가 다수 입소자들에게 정실관계를 유지하며 개별적(면대면) 서비스를 제공하기가 어렵다. 똑같은 서비스를 여러 고령자들에게 단시간에 경제적으로 제공할 수 있어야 한다. 즉, 업무실적, 노동구분, 위계구조, 문서화된 규칙, 비정실적인 경제적 동기화 등 관료제적 특성을 갖추어 예측할 수 있는 (비우발적인) 문제에 대한 돌봄서비스를 개별화하지 않고 균일화하여 다수 고령자들에게 제공한다. 한 요양보호사가 단시간 내에 노인 10명의 잠자리를 정리하고 옷을 입힌다. 아침이 되면 고령자들 모두가 동시에 기상하도록 한다. 그리고 요실금을 하는 고령자들에게 실금의 정도에 상관없이 정기적으로 기저귀를 갈아준다. 즉, 예측할 수 없는(우발적인) 문제도 균일화해 버리는 것이다.

사적집단에서는 우발적이며 비균일화된 잡다한 문제를 개인별(면대면)로 존중과 애정 그리고 측은지심으로 인간중시적인 돌봄서비스를 한다. 다양한 집안일, 정서적 돌봄(보기: 마음을 편하게 함, 존경을 함, 걱정을 들어드림, 친밀한 관계를 가짐, 고독감을 해소해 드림 등)과 아울러 수단적 돌봄(보기: 비상금을 마련해드림, 여가활동을 지원함, 물건구입을 도움, 교통편을 제공함, 주거유지를 도움, 집안일을 도움 등)을 제공한다.

급식

현대적 주방시설과 식사장소를 갖추고 전문요양사가 취사 및 급식서비스를 주관한다. 즉, 급식서비스에 필요한 기술적 및 수단적 요건을 갖추고 있다. 하지만 가족세팅에서 제공되는 식사서비스와 다른 방식으로 제공한다. 주식과 부식 제공, 요리하는 방식, 식사시간 배정, 함께 식사하는 사람 선정이 사적집단과 달라진다. 노동구분의 이점을 적용하여 예로 100명의 노인들을 위한 주식을 한 가지로만 하고, 부식도 똑같은 몇 가지로만 제공하며, 일정한 식사시간에 자리에 앉게 한다. 메뉴와 급식방법이 문서화된 규정에 따라 균일화되어 있어 음식종류와 급식절차가 예측가능하다. 게다가 식당요원은 개인적으로 고령자들에게 정답게 정실관계를 가지는 것을 피하는 경향이다. 소수의 돌봄서비스 요원들이 많은 고령자들에게 정을 표하기가 어렵기 때문이기도 하다.

이와 같은 식사서비스를 균일화 및 비개별화함으로써 매우 효율적(경제적)으로 운영할 수 있다. 하지만 노입소자들의 다양성을 반영하여 급식을 하지 못하는 단점이 있다.

개인적 케어

개개인의 얼굴화장, 옷치장, 이발, 칫솔질, 가족 및 친구와 관련된 문제는 돌보아주지 못하는 경우가 많다.

사적집단에서는 가족 등이 존중, 애정, 측은지심, 친밀성, 의무감으로 노부모·고령자를 위한 개인적 케어를 해나간다.

요양원의 문제점

요양원이 하는 돌봄서비스는 위와 같이 사적집단이 하는 돌봄

서비스와 대조된다. 준의료시설·준기술중심적 보호수용시설로
서 물리적·기술적 케어가 중심이 되어 입소자의 개인적 요구를
충족하는 데 역부족이고, 요양보호사 등 돌봄서비스 요원들의 전
문성교양과 발전까지 저해하는 경향이다. 입소자와의 인간적인
정관계를 이루기는커녕 입소자를 정실관계를 떠난 단순한 케어
대상자으로 다루는 경우가 흔하다. 돌봄서비스의 개별화보다 전
체성을 중시하며, 제공자와 입소자와의 정실관계는 이룩하기가
어려워지고, 이런 관계를 이룩하는 것은 요양원운영 규정에 없
는, 운영의 효율성을 저해하는, 관리자에게 바람직하지 못한 행
위로 보여진다. 균일화함으로써 개별성은 무시되고, 개인의 선택
권과 자율성은 보장받기가 어렵게 된다. 고령의 입소자는 변화와
회복을 하여 개발될 수 있는 주체로 보이지 않는다. 게다가 입소
자에 대한 욕설과 폭행이 발생한다. 더욱이 이분들에게 가족지향
적 돌봄을 최소화하며 특별한 사유가 없이는 가족과의 접촉이
제한된다. 요양원은 돌봄서비스를 균일화함으로써 경제적으로
운영할 수 있다. 하지만 돌봄서비스를 균일화하는 데서 생기는
문제가 있다. 균일화되지 않은 돌봄서비스는 제공하지 않는 경우
가 많다. 돌봄서비스가 무산 또는 공백화되는 것이다.

위와 같은 문제를 예방하기 위해서는 관료제적 속성을 조정하
여 인간관계중심적이며 민주적인 조직구조를 갖추고, 인력을 증
강하여 보상과 대우를 높이고, 돌봄서비스를 가능한 한도까지 개
별화하고 균일화 정도를 낮춤으로써 돌봄서비스 전달방식을 수
정하거나 외부의 사적집단이 이 서비스를 맡아 하도록 의뢰해야

한다고 본다.

이와 같은 문제들은 제공자의 잘못이라기보다는 요양원이라는 공적조직이 갖는 앞서 지적한 관료제 속성 - 노동구분, 규칙엄수, 위계적 통제, 경제성 강조, 합리적 운영, 비정실적 인간관계 - 등에 기인한다고 볼 수 있다.

파생되는 불이익: 부당한 돌봄

위와 같은 문제들을 안고 진행되는 맥락에서 불이익을 당하는 측은 요양보호사, 간호보조사, 사회복지사뿐만 아니라 돌봄서비스를 받는 바로 입소고령자들이다. 전자가 겪는 어려움은 곧 후자의 어려움으로 전환된다. 왜냐하면 돌봄서비스는 고객과 제공자 간의 인간관계 속에서 이루어지기 때문이다. 한 편의 불이익은 곧 다른 편의 불이익이 되어버리는 것이다. 저임금으로 고용불안을 겪으면서 중노동을 하는 맥락에서 제공자와 노고객은 정실관계를 이루지 못하며, 돌봄방식은 균일화되고 돌봄의 개별화를 피하게 된다. 고령자는 사랑은 고사하고 존중을 받지 못하는 경우가 허다하다. 이러한 맥락에서 노입소자에 대한 욕설과 폭행이 일어나게 된다. 그래서 인간중시적인 돌봄서비스를 제공하여 이분들의 삶의 질을 높이며 존엄성을 받들기가 어렵게 된다. 이러한 상황은 돌봄서비스 전달에서 발생하는 매우 바람직하지 못한 '부당한 돌봄'(disservice)이라고 볼 수 있다.

선택을 위한 대안

위와 같은 문제가 있음으로 적어도 다음 사항을 고려해야만 한다.

공적조직이 잘할 수 있는 돌봄서비스는 어떤 것인가?

이 질문에 대한 답을 요약하면 다음과 같다. 공적조직이 잘하는 돌봄서비스는 예측가능하며 균일화되고 문서화된 순서에 따른 문제들을 해소하기 위한 돌봄서비스를 기술적으로 다수에게 제공하는 것이다.

대조적으로 사적집단이 잘하는 돌봄서비스는 우발적인 균일화할 수 없는 잡다한 문제들을 인간중시적 정실로 면대면으로 소수에게 제공하는 것이다.

그리고 공적조직이 바람직하게 제공하지 못하는 돌봄서비스는 면대면의 개별적 접촉을 하며 인간중시적 정으로써 돌보는 정서적 돌봄서비스이다.

공적조직인 요양원과 사적집단 간의 대조적인 돌봄활동을 아래와 같이 요약할 수 있다.

요양원(공적조직) → 기술, 업적, 경제성, 비정실관계, 합리성 등 가치에 바탕을 둔 다수를 위한 돌봄서비스 제공

가족(사적집단) → 존중, 인간애, 화합, 신뢰 등 인간중시적 가치에 바탕을 둔 일대일의 개별적인 돌봄서비스 제공

요양원은 구조적으로 사적집단이 제공하는 돌봄서비스를 하기

어렵게 되어 있다. 이런 서비스를 하기 위해서는 위에서 지적한 관료제 속성을 조정하여 돌봄방식을 혁신하거나 사적집단이 하는 방식으로 우발적이며 비균일화된 문제들을 인간중시적 가치를 발현하며 개별적으로 다룰 수 있도록 해야 한다. 요양원은 특히 돌봄의 가치적 측면에 많은 에너지를 투입해야 한다. 즉, 인간중시적인 돌봄조직으로 변경하여 내면화된 이타적인 가치를 간직하도록 해야 한다.

2) 사례 II: 노인복지관

노인복지관은 고령자를 위한 사회교육, 상담, 주간보호, 건강증진, 여가활동 등을 위한 돌봄서비스를 제공하여 고령자의 삶의 질을 높이고 복지를 증진하는 다목적 시설이다(유영림, 김명성, 배영미, 2018; 허준수, 2018; 김영종, 2015; 원영희, 모선희, 1998). 노인복지관(이하 복지관)은 통신정보처리장비, 온냉방시설, 안전장치, 위생시설, 운동시설, 교통수단 등 문리적이고 기술적인 조건을 갖추고 있다. 돌봄대상자는 해당지역 내에 거주하는 고령자이다.

주된 인력은 사회복지사이다. 사회복지사는 급식을 비롯한 상담, 사회교육프로그램(주 1회 열리는 미술, 음악, 교양, 건강, 운동 등에 관한 강의 또는 실습), 여가풀이, 자원봉사 등 업무에 1~2명씩 배정되어 가족방문, 장소준비, 인원점검, 강사보조, 업무평가, 정보시스템관리, 근무일지작성 등을 한다. 이런 내부활동과 겹쳐 자원봉사자개발, 지역협동, 교육참가 등 외부활동을 한다. 가족지원서비스로서 상담과 방문을 하지만 인력 및 전문화 부족으로 바람직하게 실천하는 데 어려움을 겪고 있다. 복지관의 에너지(재정적)를 가장 많이 투입하는 사업은 급식이다. 요양원의 급식방식에서 나타난 균일화 및 비개별화 문제, 그리고 고령자의 다양성을 반영하지 못하는 문제가 복지관에서도 드러나고 있다.

프로그램 관리

구청(서울시)이 자랑하는 대형 복지관은 다양한 교육프로그램을 운용한다. 미술, 음악, 영화, 비디오, IT, 교양, 운동, 레크리에이션, 자원봉사 등에 관한 강의, 실습, 실연을 한다. 이 교육프로그램에 참여하는 회원은 회비를 내고 필요한 도구, 장비, 악기 등을 자급한다. 대다수가 교육을 받고, 외모를 갖추고, 용돈을 가진 건강한 고령자들이다. 빈곤한, 교육정도가 낮은, 돈이 없는, 외모를 갖추지 못한 고령자들은 보이지 않는다. 이들은 복지관회원으로 가입되어 있지 않다. 노인복지관은 원래 저소득고령자를 포함한 고령자들을 돌보기 위해 세워진 지역복지시설이다. 복지관의 설립목표가 제대로 달성되지 않는 상황이다.

몇 가지 문제가 겹친다. 하나는 무리하게 교육프로그램을 확장해서 사회복지사의 업무부담을 가중시킨다. 다른 문제는 복지관이 문화교육장으로 변했다는 평을 받는다. 또 다른 문제는 노회원들에게 개별적인 돌봄서비스를 제공하는 데 어려움이 있다. 게다가 사회복지사는 사무적이고 테크니컬한 일에 몰두하고 있다.

이런 맥락에서 사회복지사들은 본연의 전문적 사회복지실천과는 거리가 있는 서비스활동을 한다.

회원과 사회복지사와의 관계

주로 중산층 고령자들이 회원으로 등록되어 있다. 복지관의 돌봄서비스 인력에 비해 훨씬 더 많은 수의 회원들이 등록되어 있다. 다목적 시설로서 다양한 서비스활동을 하는 복지관은 인력부족으로 회원들과의 개별적 접촉과 정실적 관계를 이룩하는 데 에너지를 투입하지 못한다. 즉, 개별화된 상담, 치유, 지도 등 전문적 돌봄서비스를 제공하기가 어려우며 돌봄서비스를 가능한 균일화하려고 노력한다. 이런 맥락에서 회원들의 개인적(정서적, 신체적, 사회적) 및 가족의 문제에 대한 개별적 또는 집단적 개입을 피하거나 최소화한다. 소수의 사회복지사가 다수의 회원들에게 이러한 돌봄서비스를 제공하기가 어렵기도 하다. 하지만 사회복지사는 노회원들에게 예의바르게 인사하고, 친절하게 대해주며, 돌보아주려는 태도를 보여준다. 하지만 노회원들이 돌봄서비스를 받기 위해서 또는 정실적인 인간관계를 갖기 위해서 사회복지사와 상담, 대화를 하는 경우가 희소하다. 노회원들은 일주일에 2~3번씩 내관하여 한두 가지 프로그램에 참여하고서는 귀가하거나, 도서실에 가거나, 낭하에서 점심시간을 기다린다.

사회복지사의 역할과 근무조건

사회복지사는 사무적이고 균일화된 일과를 보낸다. 복지관인력의 주축을 이루는 사회복지사의 인력이 부족하며 이들에 대한 낮은 재정적 처우와 과도한 업무량으로 인하여 소진이 발생하고 이직률이 높다. 사회복지사들의 정서적 탈진이 생기며 상사만족이 낮다. 이로 인해 서비스의 특성화와 전문화가 어렵게 되고 있다. 사회복지사에 대한 처우개선이 우선적으로 다루어져야 한다. 그럼으로써 복지관의 다목적 돌봄서비스의 효과성과 효율성을 높일 수 있다.

노인복지는 한국의 전체 사회복지와 통합된 부문으로 그 위치를 더욱 공고히 다져 나가고 있다. 이 분야에 종사하는 사회복지사는 전문적 사회복지서비스기법에 대한 지속적인 교육과 실습이 필요하다. 노인문제가 다양화되어 심각해짐에 따라 사회복지교육의 기본인 심리동태적 및 행태학적 기법을 연수할 필요성이 급등하고 있다. 노인복지관의 중심적 역할을 하는 사회복지사는 프로그램관리, 정보처리, 작업팀 관리 등을 위하여 사회복지행정 기법도 연수할 필요가 있다. 특히 돌봄의 가치적 측면에 많은 에너지를 투입해야 한다. 즉, 인간중시적인 돌봄조직으로 변경하여 내면화된 이타적인 가치를 간직하도록 해야 한다.

돌봄서비스 제공자의 재량

노인요양원과 노인복지관과 같은 고령자를 돌보는 공적조직들의 목적은 대개가 모호하게 제시되어 있다. 왜냐하면 이 공적조직들의 정책수립에 참여하는 여러 이익집단들의 의견의 일치를 이루기가 어렵기 때문이다. 게다가 복지관회원들의 속성은 회원마다 다르다. 이러한 맥락에서 사회복지 현장의 서비스전달자는 그들의 자유재량에 따라 돌봄서비스를 제공한다. 돌봄서비스가 조직본부와 떨어진 현장에서 전달자와 고객 간의 관계와 거래를 통해서 이루어지기 때문에 이들의 서비스활동을 감독, 평가하기도 어렵다.

돌봄서비스 제공자와 노고객 간의 인간관계

이러한 맥락에서 돌봄서비스를 받는 고령자와 이를 제공하는 사회복지사 사이의 '인간관계'가 매우 중요한 변수로 떠오른다. 사실 복지관의 돌봄서비스는 사회복지사와 노고객 간의 인간관계를 통해서 이루어진다. 이 때문에 이들 사이의 관계의 질이 복지관의 돌봄활동의 성패를 좌우하는 요인이 된다.

유감스럽게도 다수 노인요양원과 노인복지관을 포함한 공식조직들은 바람직한 인간관계를 이룩하는 데 어려움을 겪고 있다. 이런 맥락에서 사회복지사는 자신의 재량을 행사하는 특권을 가지게 된다. 다시 말해서 돌봄서비스의 내용과 실천방식이 그의 개인적 재량에 따라 좌우될 수 있는 것이다. 이러한 사실은 제공자가 간직할 수 있는 인간중시적 가치의 긴요함을 다시금 깨닫게 한다. 이 사실은 또한 앞서 지적한 퇴계의 가르침과 Rogers 교수의 충고를 상기시킨다. 더욱이 이 사실은 요양원과 복지관과 같은 공적조직들이 고령자돌봄의 가치적 측면 – 존중·존엄성을 받드는 인간중시적 돌봄서비스 실천 – 에 많은 에너지를 투입해야 함을 지적하는 것이다.

6

도덕적 체계로서의 돌봄서비스 방법

공식조직이 고용하는 제공자(사회복지사, 의사, 간호사, 상담자, 요양보호사, 관리인 등)는 그들 나름대로의 도덕적 가치를 간직하고 있다. 이들이 노고객과의 상호관계에서 어떠한 도덕적 가치를 발현하느냐에 따라 제공하는 돌봄서비스의 방법과 내용이 달라질 수 있다. 즉, 서비스제공자의 가치에 따라 고령자의 문제를 균일화하고, 개별화를 피하며, 정실관계를 떠나 기술/수단 중심적이며 경제적으로 문제를 해소하기 위한 돌봄서비스를 선호하는 경우가 발생할 수 있는 것이다. 이 때문에 양자 간의 인간관계를 통해서 제공되는 돌봄서비스는 제공자의 가치관에 따라 조정되고 흔히 정당화되어진다. 예로 제공자가 고령자보다 젊은 고객을 더 중요시한다면, 고령자를 위한 서비스에 투입되는 노력과 자원 그리고 이 서비스의 질과 양이 저하될 수 있다. 따라서 제공자의 가치관은 고령자를 돌보는 데 매우 중요한 역할을 한다. 이러한 사실은 앞서 논한 조직연구자들이 개발한 인간관계론에서 밝혀진바 관리자 및 제공자가 고객을 존중하며 인간중시적으로 운영하는 조직의 장점을 상기시킨다.

돌봄 방법의 불확실성에 따른 돌봄 요원의 권한

고령자문제를 해결하기 위해 불확실한 서비스기술을 가지고 개입하는 경우가 허다하다. 제공자(개입자)는 효과성이 확실치 않은 기술에만 의지하는 것이 아니라 그들 자신의 가치, 신념에도 의지해서 개입한다. 즉, 고령자돌봄은 공적조직이 갖는 도덕적 자세로부터 영향을 받지만, 제공자 자신의 가치에 따라서도 영향을 받는다.

사회복지사가 사용하는 개별적 접근방법(casework)의 경우 기능학파에 속하는 논자는 인간성은 지속적 성장과정이라고 가정하고, 현재를 중시하고 변화가능성에 대해 낙관적 시각을 가지며, 심리적 결정론을 부정한다. 한편 행태학적 접근방법은 인간행동은 자극과 긍정적 및 부정적 강화방법을 조작함으로써 학습되어질 수 있는 반응으로 본다. 이 방법은 무의식적인 갈등을 심리적 문제의 원인으로 보는 정신분석적 가정을 부정한다(양옥경 외, 2018; Compton & Galaway, 1984; Hasenfeld, 2017). 이와 같이 돌봄서비스 기술을 정당화하는 바탕이 가치 또는 이념이라는 사실은 고령자돌봄에 크게 영향을 미칠 수 있다. 이러한 맥락에서 실천기법에 대해서도 상이한 해석이 나올 수 있다.

이 때문에 제공자는 노고객과의 인간관계를 유지하는 데서 상당한 자유재량을 행사한다. 자기 자신에게 편리한 방식으로 돌봄서비스를 제공할 수 있는 것이다. 사람돌봄은 제공자-고객 간의 상호작용을 필수조건으로 하기 때문에 이 사실은 매우 중요한 문제로 다루어져야 한다. 이런 식으로 실천할 수 있는 제공자는 노고객에게 돌봄서비스를 제공하는 데 있어 상당한 자유재량권을 행사하며 개인중심적 접근을 한다. 이런 맥락에서 공적조직은 돌봄서비스의 방법과 질을 결정하고, 고객을 통제한다. 예로 새 고객을 접수하는 접수 단계에서 바람직한 고객을 선택한다. 즉, 교육정도가 높고, 장기간의 치료를 원하고, 구변력이 있고, 흥미로운 문제를 가지며, 조직의 사회적 평판을 높이고, 자원을 가져오고, 성공적 서비스결과를 낼 수 있고, 경제적 형편이 좋은 고객을 우선적으로 받아들인다.

반대로 바람직하지 못한 고객에게는 기다리는 시간을 길게 하고, 전문성이 약한 제공자에게 배정한다. 그리고 실패로 끝날 고객에게는 최소한의 자원(시간, 노력)을 투입한다. 노고객과 제공자 간의 인간관계가 바람직하지 못한 부도덕적인 방향으로 다루어진 사례이다.

앞서 지적한 요양원에서 기상·취침, 기저귀 갈기, 급식서비스 등을 균일화하여 개별적인 돌봄을 하지 않는 것도 이러한 공식조직의 바람직하지 못한 관행이라고 할 수 있다.

그런데 우리가 알아두어야 할 사실은 요양원과 같은 공식조직에서도 제공자가 인간중시적으로 고령자를 돌볼 수 있다는 것이다. 즉, 시설에 입주한 고령자도 정서적 돌봄을 (가족과 친척이 아닌) 제공자(전문인 또는 비전문인)로부터 받을 수 있다. 낯선 친족이 아닌 제공자도 고령자와 친숙하고 우의로운 관계를 가지면서 정서적 돌봄을 제공하게 된다. 수단적 돌봄의 경우도, 정서적 돌봄의 경우보다도 훨씬 더 많은 비친족 제공자가 제공하고 있다. 숙연된 제공자는 훌륭히 할 수 있는 것이다. 제공자는 정서적 및 수단적 돌봄을 때와 needs에 맞도록 슬기롭게 조정하면서 측은지심으로 제공할 수 있어야 한다.

문제는 제공자가 인간중시적인 가치관을 간직하고 돌봄서비스에 임해야 한다는 윤리적 요건을 준수하는 것이다.

오늘날 인간봉사 영역에서 심각한 과제로 등장한 것이 고객에 대한 존중이다. 종합병원과 대규모시설에서 고령환자를 비인간적으로 취급하는 사례가 많아지고 있다. 이런 점에서 인간중시정신으로 돌봄서비스를 제공하는 것은 중차대한 윤리적인 과업이라고 하지 않을 수 없다. 부모·고령자의 존엄성을 받드는 돌봄세팅에서는 차별적이며 부도덕한 인간관계가 노고객과 제공자 간에 있을 수 없는 것이다.

7

공적돌봄과 도덕성

공적조직인 요양원과 복지관에서 고령자를 돌보는 데 발생하는 일련의 단점들이 드러났다. 하지만 이 조직들은 가족중심의 사적집단이 갖지 않는 시설, 장비 및 전문인력을 갖추어 기술적이고 수단적인 돌봄서비스를 다수 고령자들에게 제공하고 있다. 국가사회는 이런 공식조직을 통해서 사적집단의 자체돌봄능력을 증대하기 위해 공적 돌봄서비스를 제공하고 있다.

공식조직 안에서 발생하는 내부적인 문제들이 있다. 특히 노고객과 제공자 간의 인간관계에서 인간중시적 가치를 고양할 필요성이 있음이 드러났다. 이러한 필요성은 앞서 거론한 인간관계론이 밝힌 공적조직의 인간화와 민주적인 인간관계 개발의 중요성을 다시 밝혀야 함을 뜻한다.

원래 사회복지돌봄은 어려움에 부딪친 사람을 인간중시적으로 보살피는 도덕적 기틀 위에서 시작되고 발전되어 왔다. 우리의 조상은 이런 도덕적 가치를 우리에게 문화적 유산으로 남겨주었다. 마땅히 공적조직은 그 운영을 인간화하여 이러한 도덕적 가치에 순응하여 부모·고령자에게 인간중시적 돌봄서비스를 제공해야 한다. 돌봄서비스가 진행되는 노고객과 제공자 간의 이루어

지는 인간관계를 통해 노고객의 존엄성을 받드는 도덕적 가치를
결코 과소평가하는 잘못을 저지르면 안 된다. 물론 공식조직의
기술적이고 수단적인 돌봄의 중요성을 과소평가해서도 안 된다.

사회복지는 인간의 착함으로써 사람돌봄을 실현하는 것이다.
도의적이고 인간적인 정이 없이 공식조직의 기술중심의 돌봄서비
스만을 한다면, 어떻게 이러한 바람직한 돌봄서비스를 제공할 수
있겠는가?

사람돌봄은 원초적으로 윤리적이고 도덕적인 행위이다
(Goldstein, 1998: 241). 즉, 고객과 제공자 간 인간관계의 도덕성
을 받들어 지키면서 이루어지는 인간중시적 노력이다. 우리가 이
어받은 전통적 인간중시가치와 퇴계가 제시한 부모돌봄(효)의 실
천방법으로 인간애와 인간존중을 다시 밝혀 이의 올바른 실행을
지향해야 하겠다.

부모·고령자를 위한 돌봄은 이러한 윤리적 가치를 재강조함
으로써 존재타당성을 이룩할 수 있다. 바꾸어 말하면, 부모·고
령자를 위한 돌봄은 이러한 가치에 얽매여 있는 것이다. 모든 문
화에서 사회복지는 인간적이고 인도주의적인 가치에 바탕을 두
고 있다(Heady, 2003: 539; Goldstein, 1998). 이런 가치에 따라
돌봄방법이 개발, 적용되어야 하는 것이다.

4장

사적돌봄과
공적돌봄의 연계

1
사적집단과 공적조직의 연계

부모돌봄은 한국문화적 맥락에서 실행되며 한국적 사람돌봄 가치 - 인간중시적 가치 - 에 얽매여 있다. 하지만 새 시대의 부모돌봄은 고루한 관습과 완고한 격식을 피동적으로 지키는 데서 벗어나 새 생활패턴에 맞게 발전적으로 실행해나가야 하겠다. 새 시대의 부모는 가족중심의 사적집단이 제공하는 돌봄과 국가사회주도의 공적조직이 제공하는 돌봄을 모두 활용할 수 있어야 한다. 이중적인 욕구를 충족해야 한다. 그럼으로써 사적집단으로 하여금 자체의 돌봄능력을 발휘하여 생활의 질을 높이고 복지를 증진하도록 할 수 있다. 앞서 지적한 바와 같이 공식조직의 목적은 다름 아닌 사적집단의 이러한 변화, 발전을 지향하고 있는 것이다. 따라서 두 가지의 돌봄을 종합해서 제공하기 위하여 앞서 지적한 사적집단과 공적조직이 제공하는 돌봄의 장단점을 검토하면서 서로를 연계할 필요가 있다. 두 주체들은 각자 독자적인 활동을 하면서도 서로를 연계할 수 있다. 연계를 함으로써 얻을 수 있는 이점은 양자의 장점을 종합하는 한편 각자의 약점을 수정, 보완해서 보다 더 바람직한 고령자돌봄을 할 수 있다는 것이다. 그런데 이 시점에서 공적조직과 사적집단이 지향하는 목표를 밝혀볼 필요가 있다.

공동의 목표

공적조직의 주목표는 사적집단의 부모·고령자의 기초적 needs
를 충족하기 위한 돌봄서비스를 전달해서 이분들의 삶의 질을 높
여 사회복지를 증진하는 것이다. 즉, 사적집단의 부모·고령자에
게 혜택을 주려는 것이다. 한편 사적집단의 주목표는 부모·고령
자의 기초적 needs를 충족하기 위해 공식조직으로부터 돌봄을 받
는 것이다. 따라서 양자는 공동의 목표 - 사적집단의 부모·고령
자의 복리증진 - 을 위해서 함께 돌봄활동을 하는 것이다. 이 장
에서 다루는 양자의 연계는 결국 공적조직과 사적집단이 함께 공
동목표인 사적집단의 복리증진을 위한 돌봄서비스를 실행토록 하
는 방법이라고 할 수 있다.

연계에 대한 시각

연계방법을 논의하기 전에 시험적으로 다음 세 가지 시각을
생각해볼 수 있다.

폐쇄적 관계
개방적 관계
균형적 관계

먼저 '폐쇄적 관계'는 공적조직 자체가 문제를 다룰 수 있다는 입장을 취한다. 이런 입장에서는 사적집단과의 관계에 최소한의 무게를 두며, 사적집단(가족 등)이 공식조직의 일을 간섭하면 공식조직의 업무수행에 지장을 초래한다고 본다. 이 시각은 관료제 조직과 가족과의 상치되는 관계에 관한 이론을 반영한다. 사회학자 M. Weber(1962)는 강한 가족체계는 실적을 바탕으로 운영되는 합리적 관료제를 약화시키는 성향이 있다고 주장하였다. 역시 사회학자인 T. Parsons(1949: 542-552)는 가족과 관료제조직은 서로 적절한 거리를 둠으로써 각자의 역할을 잘 수행할 수 있다고 보았다. 두 저명한 학자들은 다 같이 관료제성향을 가진 공적 조직과 가족중심의 사적집단은 상호 간에 적절한 거리를 두어 각자의 역할을 독립적으로 수행하는 것이 좋다는 시각을 가졌다.

다음 '개방적 관계'에서는 공적조직의 문제를 가족중심의 사적 집단과의 밀접한 관계를 통해서 다루는 입장을 취한다. 공적조직 은 사적집단과의 접촉과 교류를 증진하기 위한 여러 가지 활동을 한다. 예로 공적조직 안에 저소득가족(사적집단)을 위한 세탁 기, 취사시설, 보건장비 등을 마련해두고, 이들과 상호교류를 하기 위한 공간과 시설을 갖추어 두며, 독거노인을 돌보기 위해 가정방문프로그램을 운영한다.

그리고 '균형적 관계'에서는 위의 두 가지 시각의 장점을 두루 적용하는 입장을 취한다. 즉, 양편의 장점을 연계하여 종합적 돌봄을 이룩하는 것이다.

균형된 접근

한국인은 전통적으로 사적집단인 가족의 문제를 가족 바깥의 공적조직에 알려 도움을 구하는 것을 꺼려한다. 그래서 가족 외부의 돌봄을 받지 않으려는 (또는 공적조직이나 외부의 개입을 기피하는) 성향을 지닌다. 이런 까닭 때문에도 사적집단을 공적조직과 연계할 필요성이 있다. 부모돌봄은 전통적으로 가족을 중심으로 이루어진 효행이었으나 시대의 변화에 따라 다수 가족들은 국가사회 주도로 제공되는 공적돌봄을 겸해야만 바람직하게 수행할 수 있게 되었다. 양자의 장점을 연계해서 활용하는 것이다. 즉, 위에 제시한 균형적 접근을 하게 된 것이다.

시대가 변함에 따라 많은 가족들은 자체의 능력만으로는 부모를 올바르게 돌볼 수가 없는 형편이다. 그래서 가족 안팎의 돌봄이 모두 필요하게 된 것이다. 부모돌봄을 부담스럽게만 여기지 말고, 이를 실행하기가 어렵거나 못할 때, 나의 돌봄능력이 부족하여 이를 보강해야 할 때, 여러 가지 대안들을 찾아 신축성 있게 대처해나가야 한다. 이제는 가족, 친척, 이웃공동체가 제공하는 사적돌봄과 함께 국가사회가 제공하는 다양한 유형의 돌봄서비스를 선택, 활용할 수 있다.

부모돌봄에 대한 새로운 시각이 필요하다. 한국인의 성품인 체면과 수치감에 얽매이지 말고, 이웃과 사회로 필요한 돌봄서비스를 찾아나가야 한다. 돌봄서비스의 유형, 제공자의 가치관, 돌봄세팅, 돌봄비용 등을 탐사하여 나의 사정에 부합되는 것을 물색해야 한다.

위에 제시한 균형적 접근을 함으로써 사적돌봄과 공적돌봄의 장점을 연계하여 종합적 돌봄을 이룩하는 방법을 선택하는 것이 바람직하다고 본다. 이 종합적 접근은 양자의 교류와 접촉을 촉진하는 개방적 방법을 포용하는 것이다. 그런데 유의할 점은 앞서 지적한 바와 같이, 공적조직(관료제)과 사적집단(가족 등)이 과도하게 접근하면 후자의 정으로 찬 인간적 특성과 전자인 기술적 전문성이 다 같이 약화될 수 있다. 따라서 두 주체들은 과도하게 격리되거나 과도하게 밀접토록 하지 않고, 양자의 독자적인 활동을 저해하지 않는 범위 내에서 연계가 이루어져야 한다고 본다.

연계를 위한 요건

연계를 하는 주목적은 다시 말해서 양편의 장점을 종합하는 한편 양편의 약점을 수정 보완하는 데 있다. 우선적으로 각자가 간직하는 장점을 손상하지 않는 범위 내에서 이루어져야 한다. 앞서 지적한 바와 같이 과도하게 격리되거나 과도하게 밀접하지 않으면서 양자가 독자적인 활동을 할 수 있도록 하는 것이다.

부모・고령자는 아래와 같은 두 가지의 돌봄서비스를 모두 필요로 한다.

1) 전문인이 제공하는 기술중심 돌봄서비스(상담, 치료, 교정, 재활, 요양 등)

2) 일상생활과 사회화를 통해서 습득한 경험을 바탕으로 제공하는 잡다한 일상적 돌봄서비스

위의 1)은 공적조직이 제공하는 돌봄서비스이고, 2)는 사적집단이 제공하는 돌봄서비스이다. 이 두 가지의 돌봄서비스는 상호 연계될 수 있으나 서로 달라서 대조적이다. 공적조직이 제공하는 돌봄서비스는 전문적 교육과 훈련을 받은 서비스제공자가 기술, 장비, 시설을 갖추어 제공한다. 고령자가 필요로 하는 보건의료·사회복지를 중심으로 하는 현대생활에 필수적인 다양한 가족 밖의 돌봄서비스이다. 사적집단은 이러한 기술중심적 돌봄서비스를 제공하지 못한다. 그러나 사적집단은 인간중시적 가치를 발현하며 일상생활에서 습득한 경험을 바탕으로 부모에게 존중, 애정, 관심, 위안, 식사, 의복, 휴식, 보호 등 일상적으로 필요한 정서적 및 수단적 돌봄서비스를 제공한다. 이런 가족 중심적 돌봄은 부모의 삶에 대한 의욕을 북돋우어 주고, 일상생활을 이루어 나가도록 돕는다. 이런 실정을 고려할 때 사적집단과 공적조직이 제공하는 돌봄서비스는 제각기 장점을 갖추어 있어 제각기 긴요하다.

그런데 사적집단이 공적조직보다 더 잘할 수 있는 돌봄으로서 다음을 들 수 있다.

1) 인간적 정으로 돌봄
2) 면대면의 개별적 돌봄

3) 우발적 문제에 대한 돌봄

4) 균일화하지 않는 돌봄

그리고 공적조직이 사적집단보다 더 잘할 수 있는 경우로서 아래를 들 수 있다.

1) 기술중심의 돌봄

2) 비개별적으로 다수를 돌봄

3) 예측 가능한 문제를 돌봄

4) 균일화된 돌봄

이렇게 양편의 장점을 구별해봄으로써 각자의 장점을 알 수 있고, 아울러 양자를 연계해서 종합적 돌봄서비스를 제공할 수 있음을 감지하게 된다. 다음에 사적돌봄과 공적돌봄이 연계된 지역사회 돌봄(Community Care, CC)에 대해서 좀 더 구체적으로 살펴보고자 한다.

이 CC의 주목적은 돌봄이 필요한 고령자를 포함한 어린이, 장애인 등 약자가 가정(집) 가까운 지역사회 내 소규모시설(중간시설)에서 치료, 요양, 재활 및 사화복지돌봄을 받을 수 있게 하고, 병원 및 요양원과 같은 공적시설에서는 지역사회에서 받을 수 없는 돌봄서비스를 받도록 하는 데 있다. 그리고는 이런 시설에서 필요 없이 오래 머물지 말고 적기에 퇴원하여, 즉 탈시설(脫施設)하여 위와 같은 집 가까운 중간시설에서 필요한 돌봄을 계

속 받아나가도록 하는 꾸밈이다.

지금까지 치료 및 요양이 필요한 환자는 대도시의 병원 또는 멀리 떨어진 요양시설(공식조직)에 입원해야 했다. 하지만 이러한 CC 체계하에서는 돌봄을 제공하는 중간시설이 가까운 이웃에 있어 돌봄대상 고령자는 편의하게 돌봄서비스를 받을 수 있다. 적기에 탈시설하여 인생의 종말을 평생 살아온 낯익은 고장에서 돌봄을 받으며 보낼 수 있는 것이다. 이러한 체계에서 이룩되는 소규모의 다기능형 중간시설은 고령자가 통원, 방문 또는 숙박을 하면서 돌봄을 자유롭게 받을 수 있게 한다.

이 CC의 특성은 따뜻한 인간관계가 이루어지는 것이다. 이런 인간관계가 지역사회 안으로 녹아들어가 사적집단의 돌봄 수혜자와 공적조직의 제공자가 인간적인 정 - 애정과 존중 - 으로 상호관계를 이루면서 돌봄체계를 유지하게 된다. 앞으로 사적집단과 공적조직이 제공하는 두 가지 돌봄이 연계되어 위와 같은 특성을 지닌 다양한 형태의 CC가 개발되어나갈 것으로 본다. 이러한 형태의 한 가지 예를 들자면, 종말기 의료와 사회복지돌봄을 받는 고령자를 위한 홈호스피스(home hospice)이다. 이 경우 진료, 개호, 가족돌봄을 종합적으로 살아온 집, 마을, 고장에서 받을 수 있게 한다. 내 집도 아니고 시설도 아니지만, 집과 시설 사이에서 운용되는 CC의 한 가지 형태이다.

위와 같은 CC의 성격을 지닌 돌봄시설에서는 입소자 개개인의 욕구에 맞추어 돌봄을 꾸며 나가며 재활과 자립을 돕는다. 과거에는 입소자가 시설의 규칙을 지키지 않으면 그를 가두어두고 반항하면 집으로 돌려보냈다. 그리고는 퇴원을 해도 갈 곳이 없거나 계속 돌보아줄 사람/곳이 없어 요양시설에 필요 없이 오랫동안 머물고 있었다. CC와 같은 새 돌봄체계에서는 규칙을 설정치 않고 입소자가 자유로운 생활을 하도록 돕는다. 시설이 정한 규정에 수용자를 맞추는 식이 아니라 그의 개인적 상태와 생활 상황을 파악해서 그의 욕구에 맞추어 신축성 있게 대응해나간다.

중요한 점은 CC는 돌봄제공자와 돌봄수혜자 간에 인간화, 즉 긍정적인 인간관계가 이루어져 함께 사는 공생관계를 유지하는 것이다. 인간화라고 하면, '사람을 존중하고 사랑하는' 돌봄서비스 제공자-수혜자 간의 정(情)이 깃든 상호관계가 이룩됨은 뜻한다.

위와 같은 CC체계를 운용하는 데 필요한 요원이 '돌봄담당자'이다. 국내에서도 그렇게 되겠지만 외국에서는 이 요원은 사회복지사로 되어 있다. 지역 내 독거 고령자와 고령 환자의 어려움을 파악하고 상담을 해주는 요원이다. 즉, 고령자의 생활실태를 파악하여 필요한 복지서비스와 개호돌봄을 제공하는 역할을 한다. 개호돌봄을 받지 않는 고령자도 방문하여 생활실태를 파악한다. 고령자의 요청이 있든 없든 고령자의 집을 찾아간다. 정기적인 방문이 필요할 경우에는 공적조직 요원, 자원봉사자 등과 협력하여 해나간다. 고령자를 공적돌봄과 연계하는 것이다.

2
공적조직이 활용하는 연계방법

연계방법을 사용하는 목적은 사적집단과 공적조직이 공동목적인 부모·고령자의 생의 질을 높이고 복지를 증진하는 데 있다. 전술한 바와 같이 공적조직의 속성은 사적집단의 속성과 대조된다. 공적조직은 기술중심적이고 수단적인 돌봄서비스를 균일화하여 다수 부모·고령자들에게 비개별적으로 제공한다. 한편 사적집단은 가족중심으로 인간중시적이며 정실에 찬 개별화된 돌봄서비스를 소수의 부모·고령자들에게 제공한다. 이러한 차이가 있지만, 두 주체들은 다 같이 부모·고령자에게 긴요한 돌봄서비스를 제공할 수 있다. 따라서 두 주체들의 힘을 종합하기 위한 연계작업이 필요한 것이다.

연계를 하는 목적은 양편의 장점을 종합하는 데 있지만, 양편이 소통하여 서로 돌봄에 대한 정보를 교환하면서 각자의 약점을 수정, 보완하는 데도 있다. 하지만 양편의 독자적인 역할을 저해하지 않는 범위 내에서 이러한 노력이 이루어져야 한다.

연계하는 방법은 여러 가지가 있다. 다음 방법들은 이런 목적을 위해 사용할 수 있다. 이 방법들을 적용하는 데 유의해야 할 사항들을 살펴보고자 한다.

* 파견원
* 공론장소
* 대중매체

파견원

공적조직의 전문요원인 사회복지사 등을 소관지역 내 사적집단들에 파견하여 공적조직과 사적집단 간의 소통과 신뢰관계를 개발하고, 고령자돌봄과 관련된 가치와 규범, 그리고 돌봄서비스의 내용과 방법을 사적집단 성원들의 기대 및 욕구와 조화되도록 한다. 이 방법으로 공적돌봄을 필요로 하는 부모들, 특히 소외되고 위험집단에 속하는 고령자들에 침투하여 사회복지조직(공적조직)의 돌봄서비스에 관한 소상한 정보와 지식을 부모·고령자와 가족에게 전달, 이해시키는 한편, 이분들의 어려운 사정과 요구사항을 파악하여 공적조직당국에 전달한다. 파견원의 이러한 활동은 사적집단의 부모·고령자의 기초적 욕구를 충족하여 자체돌봄능력을 증진해서 복지를 증진하는 것이다. 이 목적을 위해서 공적조직의 강점인 기술중심의 돌봄을 사적집단에 전달하는 한편 사적집단의 강점인 인간중시적 돌봄을 보다 더 적극적으로 실행하도록 권장, 지원한다. 양측의 장점을 균형 있게 연계해서 실현하도록 이끄는 것이다.

파견원은 다음 사항을 참조함이 바람직하다.

* 대상 지역사회의 문화와 가치를 알고 이해해야 한다.

* 고령자와 친밀한 인간관계를 개발한다.
* 돌봄대상 고령자를 존중, 애정, 친밀감을 가지고 마치 자신의 노부모를 대하듯 공손하게 대한다. 정중히 인사하고, 윗자리를 제공하고, 경어를 사용하고, 합당한 모습을 갖추어 면접한다. 이렇게 인간중시적 접근을 함으로써 공적조직의 비정실적인 인상을 개선할 수 있다.
* 저소득 고령자를 위한 개별적 또는 집단적 돌봄활동을 한다.

[주: 파견원이 만날 고령자들 중에는 생활이 어려워 의복과 몸치장에 자원을 투입하지 못하고, 그나마 입은 것이라도 단정하게 보여 품위를 갖추려고 애쓴다. 뿐만 아니라 자신과 가족의 어려움과 욕구에 대한 속이야기를 털어놓지 않음으로써 체면을 지키려고 한다. 이런 점을 이해하고 이분들의 체면을 세워주도록 해야 한다. 헐벗고, 몸에서 냄새가 나는 고객을 대할 때나, 손에 보석반지를 끼고 향수냄새가 나는 고객을 대할 때나, 똑같이 존중하는 마음과 태도로 대해야 한다.]

다음은 면담을 할 때 유의해야 할 사항이다.

* 약속시간을 지킨다.
* 면접할 고령자에게 존경하는 칭호를 사용해서 정중히 인사한다. 그리고는 나의 직업, 지위 등을 알린다.
* 의논을 할 사항을 말한다.
* 조용히 쉬운 말로 천천히 조리 있고 정확하고 설득력 있게 말한다.
* 전문용어를 사용하지 않는다.

* 존경하는 마음이 말에 담기도록 공손히 말한다.

* 그분의 말에 귀를 기울이며 이해하려고 노력한다.

* 그분이 느리게 말하여도 인내심이 있게 듣는다.

* 그분의 청력을 파악해서 내가 할 말의 크기와 속도를 조절한다.

* 일대일의 개별화된 접촉을 한다.

* 그분의 문제를 개인별로 파악한다.

* 감당하기 어려운 우발적인 문제도 파악한다.

* 그분의 성인자녀와 가까운 이웃도 접촉하여 그분의 욕구를 파악한다.

* 공적조직이 제공하는 기술중심의 돌봄서비스에 관한 설명을 해준다.

* 돌봄서비스를 신청하는 절차와 신청접수처를 알려준다.

* 그분과 가족이 보유하는 자원(자조능력, 경제력, 가족/친척/이웃의 지원능력 등)을 파악한다.

* 고령자는 공적돌봄과 함께 사적돌봄을 필요로 함을 가족과 돌봄이에게 설명한다. 즉, 가족중심으로 정서적 돌봄(존경함, 마음을 편하게 함, 관심을 가짐, 사랑함, 걱정을 들어줌, 딱하게 여김, 정답게 함, 고독감을 해소함 등)과 수단적 돌봄(용돈드림, 식사시중, 건강도움, 병간호, 가사도움, 여가활동지원, 의료지원, 교통편제공, 주거지원, 식사시중 등)을 제공하는 것이 이분들의 삶의 질을 높이고, 복지를 증진하는 데 매우 중요함을 설명하고 강조한다.

* 한국 자족의 특성인 노소간의 서로 돌보는 호혜적 가치를 받

들어 발현하도록 권장, 독려한다.

* 설명한 내용을 담은 인쇄물을 제공한다.
* 공적조직에 대한 비판적 의견도 귀담아 듣는다.
* 대화를 마치면 그분이 먼저 자리에서 일어나 떠나도록 한다.

전달사항을 받아들이고도 준수하지 않는 또는 못 하는 경우가 많다. 재정적으로 가능하면, 간소한 보상을 주어 전달사항을 준수토록 유도할 수 있다.

파견원은 위와 같은 사항을 참조하여 공적조직이 잘못하는 인간중시적이며 개별적인 돌봄서비스를 사적집단에게 해줌으로써, 사적집단의 욕구를 파악하여 공적돌봄서비스를 개선하는데 적용토록 함으로써, 사적집단이 인간중시적 돌봄을 더욱 바람직하게 하도록 지도함으로써, 기술중심적 돌봄서비스가 필요한 고령자에게 의뢰서비스를 제공함으로써, 집안뿐 아니라 이웃의 고령자들도 돌보아주도록 권장함으로써 양쪽의 돌봄기능을 연계하는데 기여할 수 있다. 이 모든 활동은 사회복지서비스 제공자가 지켜야 하는 인간중시적 윤리강령을 준수하면서 수행해야 한다.

공론장소

지역사회 출신으로서 고령자돌봄에 관한 사정을 잘 알며 지역주민의 신뢰를 받는 전문인을 선정하여 이로 하여금 주민센터, 노인복지관, 공회당 등 시설에서 교육적 및 치료적 접근을 하게 함으로써 공적조직의 돌봄서비스에 대한 사적집단의 이해와 활용을 촉구한다. 공론장소에서 전문인은 개별적으로 또는 집단적으로 고령자들과 가족원들에게 상담, 치료 등 돌봄서비스를 제공하고, 고령자들의 욕구를 파악하고, 가족원들에게 인간중시적 돌봄을 계속하도록 격려, 지도하고, 이웃 고령자들도 돌보아주도록 권장하고, 공적조직들이 제공하는 기술중심적 돌봄서비스를 소개하고 이런 돌봄서비스를 필요로 하는 고령자들에게 의뢰서비스를 제공함으로써 공적조직과 사적집단의 공동의 목표를 달성토록 이끌 수 있다. 특히 가족원들 및 지역주민들이 서로 돌보는 호혜적 관계를 이루도록 교육, 권장한다. 이런 목적을 위해 다음 사항을 실행한다.

* 공론장소에 다수 부모·고령자와 가족이 모일 수 있도록 광고를 하는 동시에 바자, 음악회, 지역문화전시회 등을 개최하여 참여를 유도한다.
* 부모·고령자와 정답고 친밀한 인간관계를 개발하는 데 에너지를 투입한다.
* 모인 사람들에게 존경심과 친밀감을 가지고, 정중히 인사하고, 경어를 사용하며 합당한 외모를 갖추어 대면한다.
* 부모·고령자에게 앞자리를 제공한다.
* 부모·고령자가 잘 듣도록 확성기를 조정한다.
* 부모·고령자에게 제공할 수 있는 돌봄서비스의 유형 및 범위, 제공장소 및 일시 등에 관한 정보를 제공한다.
* 부모·고령자의 요구사항을 구두로 또는 쪽지에 적어 알려

주도록 요청한다.

* 저소득 부모·고령자를 지원하기 위한 자원봉사자를 모집한다.
* 부모·고령자의 어려움을 이해하고 이분들을 존중하는 지역 사회 분위기를 조성하는 활동을 한다.
* 생활이 어려워 의복과 몸치장을 못하며 공론장소에 나오지 않는 부모·고령자도 있다. 공론장소에 나와도 자신의 어려움과 욕구에 대한 속이야기를 털어놓지 않음으로써 체면을 지키려고 한다. 이런 점을 이해하고 이분들의 체면을 세워준다.

공론장소에 모인 고령자들에게 말할 때 다음 사항을 지킨다.

* 조용히 천천히 조리 있고 설득력 있게 말한다.
* 전문용어를 사용하지 않는다.
* 고령자의 청력을 고려하여 말의 크기와 속도를 조절한다.
* 확성기를 조정한다.
* 공적조직이 제공하는 기술중심의 돌봄서비스에 관한 설명을 해준다.
* 돌봄서비스를 신청하는 절차와 신청접수처를 알려준다.
* 설명할 내용을 담은 인쇄물을 제공한다.
* 대상 사적집단이 보유하는 자원(자조능력, 경제력, 가족/친척/이웃의 지원능력 등)을 파악한다.
* 부모·고령자에게 공적돌봄과 함께 가족의 정서적 돌봄과 수단적 돌봄을 제공하는 것이 이분들의 삶의 질을 높이고, 복지를 증진하는 데 필요함을 설명한다.

* 공적조직에 대한 비판적 의견도 귀담아 듣는다.
* 공론을 마치면 부모·고령자가 먼저 공론장소를 떠나도록
  한다.

대중매체

신문, 텔레비전, 라디오, 전단, 포스터 등을 사용하여 공식조직
의 고령자돌봄에 대한 정책과 프로그램을 알리고, 공적조직과 사
적집단의 고령자돌봄에 대한 상호이해와 상호신뢰를 증진하는
홍보활동을 한다.

다음과 같을 내용을 홍보할 수 있다.

* 부모·고령자의 어려움과 요구사항을 공적조직에 전달하고
  이에 대한 적절한 조치를 취하도록 요청한다.
* 고령자와 정답고 존중하는 인간관계를 개발하도록 권유한다.
* 부모·고령자를 존중하는 데 대해 특히 청소년을 대상으로 교
  육적 홍보활동을 한다. 청소년이 부모를 존경한 사례들을 제
  시하고 구체적인 존경방식(앞서 제시하였음)을 들어 보인다.
* 사적집단의 인간중시적 돌봄, 특히 정서적 돌봄의 중요성을
  강조한다.
* 공적조직이 제공하는 기술중심적 돌봄서비스의 유형을 알리
  고 이의 활용방법을 소개한다.
* 저소득 부모·고령자를 도와주는 각종 자원봉사활동을 권장

한다. 건강한 고령자들, 여성집단, 청소년, 지역 내 각종 단체, NGO 등에 이 활동에 참여하도록 독려한다.

서로 돌보는 호혜적 관계의 유용함을 홍보한다. 그러나 이 대중매체 방법은 대상범위는 넓지만 아래와 같은 단점이 있다.

* 집중적 접근이 어렵다.
* 전달내용을 읽거나 보거나 이해하는 정도를 확인할 수 없다.
* 일대일의 개별적인 접근이 아니다. 대상자들이 전달사항을 부분적으로만 수렴하거나, 일부 대상자에게만 전달되는 문제가 있다. 따라서 전달을 위해 투입되는 인력, 자원, 시간, 공격력, 집요함 등 요인들을 창의적으로 조절할 필요가 있다.

3

사적집단이 활용하는 연계방법

사적집단도 역시 자체의 고령자의 욕구와 기대를 공적조직에
전달하기 위해 다음과 같은 연계방법을 적용할 수 있다.

파견원

사적집단 자체가 파견원을 활용할 수 있다. 지역사회 출신으로
고령자돌봄과 관련된 지역사정을 잘 알며 사회활동을 할 역량이
있고 지역주민의 신뢰를 받는 전문인 자격을 가진 자원봉사자를
선정하여, 사적집단의 대변자 역할을 하면서 이 집단을 공적조직과
연계하는 데 필요한 다음과 같은 일련의 작업을 수행토록 한다.

* 가족과 이웃이 공적조직에 대해 요구하는 사항과 공적조직
  이 이들에게 바라는 요건을 대조, 참작하여 양자의 요구사항
  을 조정한다.

  [주: 지역 내에는 노인복지관을 비롯한 복수의 사람봉사를 하
  는 공적조직들이 있다. 이들로부터 부모·고령자가 필요로 하
  는 여러 가지 돌봄서비스를 받을 수 있다.]

* 사적집단이 받드는 가치와 요구사항을 공적조직에 전하는 한편 공적조직이 제공하는 돌봄과 관련된 규칙과 요구사항을 사적집단에 전한다.
* 부모·고령자의 삶을 유지하는 데 문제가 되는 균일화할 수 없는 여러 가지 문제들에 대한 정보를 확보하여 공식조직에 전달한다.
* 성인자녀와 가까운 이웃도 개별적으로 접촉하여 부모·고령자의 문제와 욕구를 파악하여 공식조직에 전달한다.
* 저소득 고령자를 방문, 면접하여 생활실태와 요구사항을 파악하여 공식조직에 전달한다.
* 저소득 부모·고령자가 공적조직의 돌봄프로그램에 참여하도록 권장, 독려한다.
* 공적조직이 제공하는 기술중심의 돌봄서비스에 관한 정보를 부모·고령자와 가족에게 알린다.
* 서로 돌보는 호혜적 관계의 유용함을 홍보한다.
* 돌봄서비스를 신청하는 절차와 신청접수처를 알려준다. 이 공지사항을 알리는 유인물을 배포한다.
* 사적집단이 보유하는 자원(자조능력, 경제력, 가족/친척/이웃의 지원능력 등)을 파악하여 공식조직에 전달한다.
* 부모·고령자는 공적돌봄과 함께 사적돌봄을 필요로 함을 가족과 돌봄이에게 설명한다. 즉, 가족중심으로 정서적 돌봄(존경함, 마음을 편하게 함, 관심을 가짐, 사랑함, 걱정을 들어 줌, 딱하게 여김, 정답게 함, 고독감을 해소함 등)과 수단

적 돌봄(용돈드림, 식사시중, 건강도움, 병간호, 가사도움, 여가활동지원, 의료지원, 교통편제공, 주거지원, 식사시중 등)을 제공하는 것이 이분들의 삶의 질을 높이고, 복지를 증진하는 데 긴요함을 교육, 강조한다.

* 공적 돌봄서비스에 대한 비판적 견해와 개선방안을 공적조직 당국에 제시한다.
* 고령자의 문제에 비추어 공적돌봄이 부적절함을 구체적 문제에 걸쳐 공적조직에 제시한다.
* 공적조직 당국과와 지속적인 교류관계를 갖는다.
* 공적조직요원들에 접근하는데 긍정적인 마음과 태도를 가진다. 사회복지업무에 봉직하는 이들을 존중하며 이들과의 친근한 관계를 개발한다.
* 공적조직에 대한 요구사항 및 부모·고령자의 욕구에 관한 정보, 공적조직의 요구사항 파악, 그리고 두 주체들 사이의 갈등해소 및 소통을 촉구하는 중매역할을 한다. 사적집단의 요구사항을 공적조직에 전달하는 한편 공적조직의 요구사항을 사적집단에 알리는 연락업무를 수행한다.

이런 활동을 통하여 양편의 장점을 활용하고 단점을 보완할 수 있다. 그럼으로써 양편의 돌봄서비스를 둘러싼 시각과 실천의 차이를 좁힘으로써 서로를 연계하는 작용을 한다. 특히 공적돌봄이 바람직하게 미치지 못하는 저소득지역 부모·고령자를 위한 개별적인 돌봄서비스와 아울러 이분들에 대한 인간중시적 접근의 필요성을 강조한다. 자원이 부족한 사적집단은 공적조직의 변화를 희망하는 외부 단체나 집단의 지원을 받아 파견원 활동을 할 수 있다.

공론장소

지역사회 내에서 다수 주민을 모일 수 있는 시설(건물, 집합장소)에서 사적집단이 선정한 전문인으로 하여금 고령자들과 이분들의 가족을 만나 개별적 또는 집단적 접근으로 부모·고령자돌봄에 관한 공론을 하여 공적조직(사회복지시설)에 대한 요청사항을 파악하고 부모·고령자돌봄에 관한 정보제공, 안내 및 해설을 한다. 그리고 함께 모인 가족들의 질문에 응한다.

공론장소를 주도하는 전문인은 모인 부모·고령자와 가족에게 알려줄 공적조직의 돌봄활동에 대한 전문적 지식을 갖추고 있어야 한다. 그리고는 이들과 우정과 존중에 찬 인간적 관계를 이루어야 한다. 접촉하기 어려운 저소득층 부모·고령자들을 집합시키기 위해서는 부가적인 노력이 필요하다. 보상물 제공, 바자, 음악회 등을 개최하여 이들을 모일 수 있다. 이 방법을 통해서 공적조직과 정부에 대한 비판 또는 공격도 할 수 있다. 그리고는 공적조직과 사적집단의 화합을 이룩하는 노력을 해서 지역주민, 특히 저소득층 고령자의 복지를 증진하는 방안을 강구한다. 사적집단 성원들 간의 서로 돌보는 호혜적 관계의 유용함을 알려준다.

간추려 말하면, 이 모든 활동은 공적조직의 돌봄을 사적집단의 needs를 충족하도록 이끌어 사적집단이 자체돌봄능력을 높여 인간중시적인 돌봄을 부모·고령자에게 실행하도록 엔지니어링하는 것이다.

협조적 공적조직 활용

사적집단은 공적조직에 부모돌봄에 관한 의견을 전달하는 한편 개혁을 요구하기 위해 그의 입장을 옹호, 지지하는 협조적인 사회조직(사회단체, NGO 등)을 활용할 수 있다. 예로 가족과 이웃은 공적조직의 부당한 처사를 시정하기 위해 법률단체(변호인단), 종교단체, 자원봉사단체, 권익옹호단체, 구호단체 등의 협조를 얻을 수 있다. 이와 같은 조직들은 사적집단과 공적조직의 중간에서 양자 간의 갈등관계 또는 대립관계를 알고 있다. 그리고 지역사회복지를 위하여 기여하는 조직들이다. 사적집단은 이런 조직들을 통해 고령자가 필요로 하는 기술적인 돌봄서비스와 아울러 인간중시적인 돌봄서비스를 제공토록 공적조직에 건의하고 압력을 가할 수 있다. 아울러 저소득 고령자를 위한 자원봉사활동을 꾸미고, 고령자존중을 위한 지역사회활동을 권장한다.

대중매체

사적집단을 공적조직과 연계하는 데 대중매체가 가지는 장점은 비교적 적은 경비로 사용자 주도하에 할 수 있다는 것이다. 하지만 대상집단에 대한 정보의 확산효과가 불확실하다. 일대일의 접근이 아니어서 심층적인 접근을 하기 어렵다. 게다가 사람들은 대중매체가 전하는 정보를 선택적으로 받아들인다. 어느 개인이나 집단에 대해서 적대적인 태도를 가진 고령자를 변화시키기가 어렵다. 비록 정보를 받아들인다고 해도, 그 정보가 강력하지 못해 대상자를 변화시키는 데 역부족일 수 있다.

* 하지만 라디오, 텔레비전, 전국신문, 지방신문, 이웃회보, 시(市) 및 구(區) 신문은 고령자 개인과 집단에 관한 정보를 전달하는 데 효과적인 방법이다. 특히 고령자의 needs에 관한 정보를 확산하는 데 유용하다.
* 학교신문은 아동과 학부모에게 고령자돌봄에 관한 정보를 전할 수 있다. 특히 학생들이 고령자에 대해 긍정적인 태도와 존경하는 행동을 하도록 교육하는 데 도움이 된다.
* 고령자의 사회참여를 지원하는 자원봉사활동이 필요함을 알려준다.
* 서로 돌보는 호혜적 관계의 유용함을 홍보한다.
* 팸플릿과 전단은 저비용으로 작성해서 전달할 수 있다. 전달할 정보의 내용은 제한되지만 신축성 있게 배분할 수 있다.
* 발표문을 교회소식란이나 지역사회소식란을 통해 확산할 수 있다.
* 편지와 전화통화로 제한된 연락을 할 수 있다.
* 모임을 위한 시간, 일자, 장소 등 단순한 정보를 전할 수 있다.
* 갑자기 행하게 된 특별한 행사에 대해 알릴 수 있다.
* 광범위하게 정보를 전할 수 있다.

민주주의사회에서 대중의 고령자돌봄에 대한 올바른 가치와 의견을 전달하는 것이 공정한 대중매체가 할 의무이기에 사적집단과 대중매체의 상호이해를 통한 고령자돌봄을 위한 협동을 이룩할 수 있다.

지속적인 활동

사적집단과 공식조직의 인간중시적 및 기술중심적 부모돌봄의 개선, 확장, 추진을 목적으로 하는 스트라이크, 보이콧, 시위를 해서 대중의 관심을 끌고, 지역사회와 지역공익단체/집단의 협조를 얻어 장기간에 걸친 끈질긴 활동을 해나갈 수 있다.

연계방법의 조합

* 파견원에 이어 공론장소를 활용하는 방법. 파견원이 돌봄대상자들을 먼저 접촉하고 난 후에 보다 많은 돌봄대상자들에게 영향을 끼칠 수 있는 시설세팅으로 옮겨서 작업하는 것이다.
* 시설세팅 사용 후에 대중매체를 이용한다.

이 두 가지 방법은 보다 더 확장된 돌봄대상자들에게 영향을 끼칠 수 있는 방법들인데, 공론장소를 활용하고 난 뒤에 보다 더 많은 사람들에게 영향을 끼치기 위해 대중매체를 활용할 수 있다. 여러 가지 방식을 조합, 연계해서 양자 간의 대화를 촉진할 수 있다.

사회복지사의 개입

중요한 점은 이 모든 연계를 이루기 위한 방식들을 실행하는 데 있어 사회복지전문인이 받드는 가치, 특히 인간존엄성의 가치를 발현해야 하는 것이다. 대부분의 연계활동을 실행하는 데는 외국의 경우를 보아 사회복지사의 직접 또는 간접적 개입이 필요할 것이다. 사회복지전문직의 개인, 집단, 지역사회의 화합과 협동을 이룩하는 사회심리적, 행태학적 및 환경조작 방법을 활용해야 할 것이다. 덧붙일 요건은 제공자와 수혜자가 인간관계를 이루면서 제공하는 모든 돌봄서비스는 인간중시적 가치를 발현하면서 전달되어야 한다.

4

수정·보완을 위한 접근

1) 수정·보완이 필요 없는 경우

돌봄서비스 부서에 따른 인간중시적 돌봄과 기술중심적 돌봄

인간중시적 돌봄과 기술중심적 돌봄이 공식조직의 하위부서에 따라 달리 실행된다. 병원(공식조직)의 경우, 소아과와 외과는 인간중시적 돌봄이 이루어지는 데 차이가 있다. 소아과는 환자인 어린이와 어머니 대 의사와 간호사의 상호관계에서 인간중시적 돌봄이 고도로 실천된다. 제공자인 의사·간호사는 수혜자인 어린이와 그의 어머니하고 따스하고 정답게 대화하며 화기애애한 분위기 속에서 인간중시적 돌봄서비스를 제공한다. 하지만 같은 병원의 외과를 들여다보면 이러한 인간중시적 돌봄이 실천되는 정도가 매우 낮거나 거의 감지할 수 없다. 외과에서는 수술(집도)를 주관하는 과장이 숨 가쁘게 손짓, 눈짓으로 알리는 엄격한 지시에 따라 마취의사, 수련의, 간호사 등이 통합된 일체를 이루어 위기에 처해 있는 중환자를 위한 정교한 의료기술을 적용하는 긴박한 작업에서 거의 기계와 비슷하게 동작한다. 이런 맥락에서 환자와 의사 간의 정실관계를 이룰 여지가 없이 순전히 기술중심적 돌봄서비스가 전달되는 것이다.

이와 같이 공식조직의 하위부서가 실행하는 돌봄서비스의 내용과 성격에 따라 인간중시적 돌봄의 실천과 기술중심적 돌봄서비스의 실천이 달라질 수 있다. 요양원과 복지관의 경우도 이와 비슷한 차이를 엿볼 수 있다. 즉, 상담, 치유, 병간을 하는 요양보호사는 노입소자에게 관심을 갖고 정답고 따뜻하게 돌봄서비스를 제공하는 것이 상예이다. 다른 유형의 돌봄서비스를 하는 경우보다 더 인간중시적이라고 할 수 있다. 돌봄서비스를 인간중시적 또는 기술중심적으로 구별할 때는 위와 같은 하위부서에 따른 돌봄서비스의 내용과 성격을 고려해야 한다. 돌봄을 실행하는 부서에 따라 발생하는 위와 같은 차이는 자연적인 현상이기에 수정, 보완할 필요가 없을 뿐만 아니라 할 수도 없는 것이다.

2) 수정 · 보완이 필요한 경우

개별화 및 균일화에 따른 인간중시적 돌봄과 기술중심적 돌봄

돌봄서비스를 개별화 또는 균일화해서 제공하는 경우에도 역시 하위부서에 따른 돌봄서비스의 내용과 형식을 고려해야 한다. 사적집단도 다소간의 기술중심 돌봄서비스를 하는 경우가 있고, 공적조직도 하위부서에 따라 인간중시적 돌봄서비스를 제공해야 하는 경우가 흔히 있다. 요양원, 복지관(공식조직)의 경우 상담,

치유, 병간호를 위한 돌봄서비스는 보다 더 인간중시적 접근이 필요하고, 가족 등(사적집단)의 경우는 취사, 방 정리, 청소, 세탁, 냉온방조절, 위생장치조절, 운동장비사용 등을 위해서 기술중심적 접근을 한다.

이와 같이 돌봄서비스의 유형에 따라 인간중시적 접근 또는 기술중심적 접근이 선택된다. 공식조직이 제공하는 여러 가지 유형의 돌봄서비스는 고령의 입소자 개개인의 needs를 고려하여 보다 더 개별화할 필요가 있다. 개별화가 아니 되면 개인적 특성이 사라지거나 매몰되어버릴 수 있다. 노입소자는 각자의 가치관과 사회적 배경을 가진다. 그리고 신체적, 정신적 및 사회적 needs가 다르다. 이러한 needs를 개인별로 충족할 필요가 있다. 하지만 특정한 돌봄서비스는 개별화하지 않아도 된다.

공적조직의 여러 가지 돌봄서비스는 균일화되고 있다. 사적집단도 특정한 서비스는 제한적으로 균일화한다. 돌봄서비스를 균일화함으로써 일손이 덜 들고, 비용이 절감되고, 단순화할 수 있고, 단시간에 실행할 수 있다. 하지만 균일화는 고령자의 개인적 needs가 무시당하거나 매몰될 가능성이 있다. 고령자의 needs는 개인에 따라 다를 수 있어 일괄적으로 균일화하지 않는 것이 옳다. 다만 돌봄서비스의 유형에 따라 폐단이 발생하지 않는 경우에만 균일화하는 것이 옳다.

인간중시적 대 기술중심적 접근

일반적으로 공식조직은 기술중심적이라고 보고, 사적집단은 인간중시적이라고 본다. 그러나 위의 경우들을 보아 돌봄서비스의 내용과 성격 그리고 이 서비스가 실행되는 부서를 고려하지 않고 단순히 '기술중심' 또는 '인간중시'로 구분할 수는 없는 것이다. 기술중심 돌봄이라 하면 돌봄서비스를 편리하고 효율적으로 수행하기 위한 물리적, 수단적 돌봄을 말한다. 많은 경우 이런 기술중심적 방법을 인간중시적 방법과 균형을 이루어 제공되도록 수정, 보완할 필요가 있다. 마찬가지로 인간중시적 방법도 기술중심적 방법과 균형을 이루어 제공되도록 수정, 보완할 필요가 있는 것이다.

인간중시적 가치는 사람을 존중하고 그의 존엄성을 받드는 믿음이다. 사람 대 사람의 인간관계에서 이루어지는 모든 돌봄서비스에서 반드시 지켜져야 하는 보편적인 가치이다. 한편 기술중심적 돌봄은 사람의 신체적 및 정신적 문제를 치유해서 건강을 유지하는 생(生)을 위한 필요불가결한 돌봄방법이다. 인간중시적 접근과 기술중심적 접근은 실천부서의 needs에 알맞아야 한다. 그리고 지나치게 기술중심으로 되면 인간중시적 가치가 손상될 수 있고, 지나치게 인간중시적이면 기술중심돌봄이 약화될 수 있다.

수정·보완을 필요로 하는 문제들은 흔히 공식조직과 사적집단의 인력, 재력, 시설, 장비 그리고 성원들의 화합, 협동, 사명감 등과 연관되어 있다. 이러한 요건들이 부정적일 때는 수정·보완이 어려워질 수 있다. 하지만 인간중시적 가치는 조직전체와 그 속의 성원들이 돌봄서비스를 제공하는 데 있어 어느 경우에나 반드시 실현해야 하는 기본적 원칙이다.

<u>5</u>

돌봄서비스의 가치적 바탕

이 책의 주제인 부모를 위한 돌봄은 부모와 자녀 간 관계의 특수성을 논의하는 데에서 시발되었다. 우리는 오랜 세월에 걸쳐 부모돌봄은 사람이 수행해야 할 가장 중요한 과업이며 모든 착한 행동의 으뜸이고, 사람의 올바른 행동의 기본이며 시대가 변해도 달라질 수 없는 관행이라고 믿어왔다. 이러한 부모돌봄은 앞서 지적한 효(孝)와 자(慈)의 원칙이 밝힌 바와 같이 부모자녀 간의 서로 존중하고 사랑하는 호혜적 관계 속에서 이루어진다.

우리는 사람을 중시하는 문화적 가치를 이어받았다. 모든 인간은 다 같이 귀중하며 모두가 공평하게 이익을 분배받아야 한다는 홍익인간 정신에서 시발하여, 불교의 자비(慈悲)와 유교의 인(仁, 人間愛)을 반영하는 사회정책을 실시한 신라, 고려 및 이조를 거쳐, 사람을 하늘과 같이 섬기는 동학의 인내천(人乃天) 사상이 선포된 근세, 이어 근대에 선교가 시작된 기독교의 박애정신에 이르는 줄기찬 인간존중-인간애사상의 흐름이 이어져왔다.

우리는 이 정신적 흐름을 이어받은 공동의 문화적 배경을 지

제4장 사적돌봄과 공적돌봄의 연계   181

닌 후예로서 신분적 평등, 균등한 기회 및 공평한 분배를 이루면
서 부모를 비롯한 고령자를 섬기고 사랑하며 돌보는 복지사회를
지향해나가고 있다.

<u>6</u>

부모돌봄에 대한 새로운 시각

이러한 발전적 방향으로 가는 데는 전통적 가치를 존중하면서 이를 실현하는 방식을 새 시대 생활환경에 맞게 창안, 수정해나 가는 노력이 필요하다. 부모와 자녀, 노(老)와 소(少)의 세대 간 돌봄을 실천하는 데도 변화와 개혁이 필요하다.

우리는 사람의 인권과 자유를 존중하는 민주주의사회에서 살 고 있다. 전통적 부모돌봄(효)의 기본적 가치는 변치 않으나 이의 표현방식은 달라지고 있다. 이러한 시대적 변화에 순응해서 부모 돌봄에 관한 완고한 격식과 경직된 규칙은 시대적 상황에 맞게 풀고 수정해나가야 하겠다. 시대가 변함에 따라 많은 가족들은 자체의 능력만으로는 부모를 올바르게 돌볼 수가 없는 형편이다. 그래서 가족 안팎의 돌봄이 모두 필요하게 된 것이다.

부모돌봄에 대한 새로운 시각이 필요하다. 한국인의 성품인 체 면과 수치감에 얽매이지 말고, 이웃과 사회로 필요한 돌봄서비스 를 찾아나가야 한다. 돌봄서비스의 유형, 돌봄서비스 제공자의 가치관, 돌봄서비스가 제공되는 세팅 등을 살펴보고 나의 사정에 부합되는 돌봄서비스를 물색해나가야 한다. 부모돌봄을 부담스 럽게만 여기지 말고, 이를 실행하기가 어렵거나 못할 때, 나의 돌봄능력이 부족하여 이를 보강해야 할 때, 여러 가지 대안들을 가족 안팎에서 찾아 신축성 있게 대처해나가야 한다. 이제는 가족, 친척, 이웃이 제공하는 사적돌봄 외에도 국가와 사회가 제공하는 다양한 유형의 공적돌봄을 활용할 수 있다. 가족의 부모돌봄기능이 약화됨에 따라 가족 외부의 공적돌봄에 대한 욕구가 잠증하고 있다.

주요과제

돌봄(care)은 사람을 존중한다는 뜻이 내포되어 있다. 돌봄은 돌보는 사람과 돌봄을 받는 사람 사이의 인간관계를 통해서 이루어진다. 이 상호관계에서 제공자의 돌봄에 대한 가치관이 매우 중요하다. 이 가치관에 따라 돌봄의 내용과 질이 달라질 수 있기 때문이다. 이러한 인간관계의 중요성을 인식하면서 부모돌봄의 방식과 내용을 고전 섭렵, 경험적 조사자료 검색, 그리고 저자의 사회조사자료를 바탕으로 논의하였다.

부모돌봄을 사적돌봄과 공적돌봄으로 나누어보았다. 부모·고령자는 이 두 가지의 돌봄을 모두 필요로 한다. 즉, 이중적인 돌봄욕구를 충족해드려야 한다. 이 두 가지의 돌봄은 공통적 목표를 지향하고 있다. 즉, 부모·고령자를 위한 삶의 질을 높이고 복지를 증진하는 것이다. 이를 위해 우선적으로 사적집단의 자체돌봄능력을 높이는 것이다.

사적돌봄의 과제

사적집단이 제공하는 돌봄서비스의 장점을 다음과 같이 요약할 수 있다.

> "가족중심으로 인간중시적 가치를 발현하며 소수의 부모·고령자들에게 예측할 수 없이 우발적이며 균일화할 수 없는 잡다한 정서적 및 수단적 돌봄서비스를 개별적으로 존경과 애정으로 제공한다."

이러한 가족중심돌봄의 중요함 아니 필요불가결함은 우리의 일상생활의 모든 분야에서 역력하게 드러나고 있다. 하지만 사적집단은 단점을 가지고 있다. 부모·고령자가 필요로 하는 기술적인 돌봄서비스를 제공하는 데 필요한 기술, 시설 및 인력을 갖추지 못한다. 그리고 다수의 고령자를 단시간에 돌보지 못한다. 이러한 단점에도 불구하고 사적집단은 부모·고령자를 비롯하여 어린이, 장애인 등 사회적 약자를 돌보는 데 가장 중요한 역할을 하는 소집단이다. 더욱이 중요한 사실은 우리 문화에서는 사적돌봄의 인간중시적 '정'으로 이루어진 특성이 다른 문화에 비하여 더 드러난다. 부모돌봄은 이러한 우리의 정문화(情文化) 속에서 부모를 존경하며 이분들의 존엄성을 받드는 가치를 실현하는 것이다. 이러한 가치를 일상생활 속에서 발현하는 사적집단은 아래와 같은 장점과 아울러 단점을 간직하고 있다.

사적집단돌봄의 장점

* 인간중시적 돌봄을 함
* 면대면의 개별적 돌봄을 함
* 예측할 수 없는 우발적 문제에 대한 돌봄을 함
* 균일화할 수 없는 문제들에 대한 돌봄을 함

사적집단돌봄의 단점

* 기술중심 돌봄서비스를 제공하지 못함
* 다수의 고령자들을 동시에 돌보지 못함
* 돌봄을 균일화하지 않음

사적집단이 제공하는 돌봄서비스에는 위와 같은 장점과 단점이 있다. 하지만 사적집단의 돌봄은 공적조직의 돌봄을 수행하는 데 절실히 필요하다. 노인요양원, 노인복지관, 노인병원, 침애요양원 등 부모·고령자를 돌보는 모든 공적조직들은 사적집단의 참여가 없이는 운영이 불가능하다.

공적돌봄의 과제

공적조직이 잘하는 돌봄서비스는 예측 가능한 문제에 대한 균일화된 돌봄서비스를 기술중심적 방법으로 다수 고령자들에게 제공하는 것이다. 그리고 공적조직이 바람직하게 제공하지 못하는 돌봄서비스는 면대면의 개별적 접촉을 하며 인간중시적 정으로써 돌보는 정서적 돌봄서비스이다.

공적조직이 잘할 수 있는 경우로서 아래를 들 수 있다.

* 전문적 기술로 돌볼 때
* 비개별적으로 다수를 돌볼 때
* 예측 가능한 문제에 대한 돌봄을 할 때
* 균일화된 돌봄을 할 때

그리고 공적조직이 돌봄서비스를 하는데 어려움을 겪는 경우로서 아래를 들 수 있다.

* 인간중시적 돌봄서비스를 하는 경우
* 개별적으로 소수를 돌보는 경우
* 예측할 수 없는 우발적 문제를 돌보는 경우
* 균일화되지 않은 문제를 돌보는 경우

위와 같은 장단점이 있으나 공적조직들은 치유, 교정, 재활 등 변화를 필요로 하는 문제를 가진 부모·고령자와 접촉하여 다양한 기술중심의 돌봄서비스를 제공한다. 고령자의 신체적, 정신적, 사회적 문제에 대해 심리적, 의료적, 사회적 및 환경조작 기술(방법)을 적용함으로써 이분들에게 불가결한 돌봄서비스를 제공한다. 노인요양원, 노인복지관, 노인병원, 치매요양원를 포함한 사회복지 및 의료시설들은 현대적 기술, 기구, 장비, 시설 및 전문인력을 갖추어 기술중심 돌봄서비스를 제공한다. 가족중심의 사적집단이 하지 못하는 기술중심적 돌봄서비스이다. 이러한 공적조직의 돌봄서비스가 없이는 건강쇠퇴기에 들은 부모·고령자의 생의 질을 높여 이분들의 복지를 바람직하게 유지, 증진하기가 어렵다.

위와 같은 사적집단과 공적조직이 제공하는 돌봄의 속성을 참조하여 앞서 논의한 요양원 및 복지관과 사적집단 간의 대조적인 돌봄활동을 아래와 같이 요약할 수 있다.

공적조직(요양원, 복지관 등) → 기술중심, 생산성중시, 비정실관계중시 등의 (관료제적) 속성에 바탕을 둔 다수를 위한 돌봄서비스 제공

사적집단(가족 등) → 존중, 인간애, 측은지심 등 인간중시적 가치에 바탕을 둔 개별적 돌봄서비스 제공

공식조직인 요양원과 복지관은 구조적으로 가족중심의 사적집단이 제공하는 돌봄서비스를 하기 어렵게 되어 있다. 이런 서비스를 하기 위해서는 관료제속성을 조정하여 인간관계중심적으로 혁신할 필요가 있다.

요양원과 복지관과 같은 공식조직은 돌봄의 가치적 측면에 에너지를 투입해야 한다. 인간중시적인 돌봄조직으로 수정, 개선하여 관리자와 요원들이 입소 고령자들을 돌보는 데 있어 내면화된 이타적인 가치를 발현해야 한다.

연계의 효능

공적조직이 부모·고령자를 위한 돌봄서비스를 제공하는 데 있어 인간중시적 가치를 발현해야 함을 밝혀보았다. 공적조직이 관료제성향을 수정, 조정하여 보다 더 인간화해야 함을 판별한 것이다. 아울러 돌봄서비스의 지나친 균일화를 시정하여 보다 더 개별화된 돌봄서비스를 제공하고, 고령자의 예측 불가한 문제들에 대한 대처방안을 강구해야 한다. 이어 사적집단이 돌발적이며 균일화되지 않은 문제들을 개별적(일대일)으로 인간적인 정 - 존중 및 애정-으로써 가족세팅에서 돌보는 장점을 밝혀보았다.

한편 공적조직은 기술, 장비 및 시설을 갖추어 다수 고령자들에게 균일화되고 예측 가능한 문제들에 대한 돌봄서비스를 관료제적 조직세팅에서 제공하고 있음을 알아보았다. 오늘날 부모·고령자는 위와 같은 사적집단의 장점과 공적조직의 장점을 모두 갖춘 돌봄서비스를 필요로 하고 있다. 즉, 양자를 연계함으로써 제공할 수 있는 종합적인 돌봄서비스를 요망하고 있는 것이다.

이러한 두 가지 서비스의 연계의 필요성을 감안하여 다음 사항을 밝혀보았다.

* 공적조직이 간직한 관료제는 인간중시적 접근을 하는 데 약하다. 따라서 인간중시적 가치를 발현하면서 돌봄서비스를 제공하는 데 더 많은 에너지를 투입해야 한다.

* 사적집단은 인간중시적 돌봄을 하는 데 강하다. 하지만 기술 중심적 돌봄을 제공하지 못한다. 따라서 기술적인 돌봄을 이용하는 방법과 절차에 대한 정보를 부모·고령자에게 적기에 제공해야 한다.

위와 같은 두 주체의 대조적인 특성과 공통적인 유용성을 감안하여, 양편을 연계해서 종합적인 돌봄서비스를 제공하는 한편, 각자의 단점을 수정, 보완할 필요가 있다. 앞으로 공적조직은 부모·고령자 개개인의 욕구에 대해 더 많은 관심을 기울이고 이분들에게 인간중시적으로 개별적인 돌봄서비스를 제공해야 하겠다.

위와 같은 약점에 대한 보완과 아울러 서비스현장에서 특히 다음 사항을 실행해야 한다고 본다.

* 돌봄서비스의 균일화를 줄이고 예측불가한 고령자 개개인의 어려움과 욕구에 대해 더 많은 관심을 기울여 돌봄서비스의 개별화에 주력할 것
* 돌봄부서에 따라 비균일화, 즉 개별화를 할 것

그리고는 사적집단과 공적조직은 각자의 약점을 서로 수정, 보완하는 노력이 필요하다.

* 공식집단의 약점을 사적집단이 보완함
* 사적집단의 약점을 공식집단이 보완함

무엇보다도 존중과 애정을 부모·고령자돌봄에서 발현토록 하고 아울러 이분들의 존엄성을 받드는 노력이 필요하다.

저소득 고령자를 위한 돌봄

우리는 지난 반세기 동안 공적조직인 사회복지돌봄시설을 운용하는 과정에서 고령자와 이분들을 돌보는 가족의 욕구에 상응하는 돌봄서비스를 바람직하게 제공하지 못한 경우가 많았다. 특히 저소득층 고령자를 위한 돌봄활동이 그러했다. 공적조직이 경직되고, 접근하기 어렵고, 여유 있는 사회계층을 위한 돌봄에 치중하여 설립취지에 위배되는 경우도 있었다.

돌봄활동에 바탕을 이루는 것은 공평하게 존중하고 사랑하는 인간중시적 가치이다. 이 가치는 저소득 고령자를 포함한 모든 고령자의 존엄성을 받드는 정신이고 믿음이다. 시대가 바뀌고 생활스타일이 달라져도 이 가치는 변치 않고 우리와 함께 상존한다. 공적조직이 제공한 고령자돌봄의 취약점은 바로 이러한 가치를 중심으로 저소득고령자를 위한 돌봄서비스를 기획, 실천하는 데 부족함이 있는 것이다.

새 시대의 변혁

새 시대에는 옛 관습을 피동적으로 수렴하고 완고한 격식에 무조건 순응하는 식으로는 돌봄서비스의 효과적인 변화를 이룩하기 어렵게 되었다. 부모·고령자를 돌보는 모든 사람은 우리의 인간중시사상인 이분들의 존엄성, 자주권 및 복지를 중시하는 가치임을 명심해야 되겠다. 사실 돌봄의 기본은 어른과 젊은 사람, 남과 여, 나의 가족과 이웃, 빈곤자와 부자가 다 같이 서로 존중하며 사랑하는 것이다. 공평하게 인간을 중시하며 사랑하는 공동체의 복리를 지향하는 이타적 사상의 실천이다.

이러한 가치를 바탕으로 가족과 이웃을 중심으로 부모·고령자를 위한 돌봄을 새 시대 생활방식에 맞게 실행해나가는 한편, 국가사회의 사회보장 및 복지사업을 지속적으로 개발해서 사적돌봄과 공적돌봄을 종합하는 사회복지체계로 발전시켜나가야 하겠다. 이 목표를 지향하여 사적집단과 공적조직에 따른 부모·고령자돌봄의 장점과 단점을 비교, 검토하면서 이분들의 삶의 질을 높이고 복지를 증진하는 방도를 개발, 실천해나가야 하겠다.

민족마다 독자적인 문화적 가치를 간직하고 있다. 우리도 고유한 문화적 전통과 가치를 보존하고 있다. 우리의 부모·고령자돌봄의 이념은 유별나게 인간중시적이고 사회복지지향적인 장점을 담고 있다. 이 가치를 바탕으로 부모·고령자가 생(生)의 후기 삶의 질을 높이면서 보람 있게 보낼 수 있는 공동사회를 발전시켜나갈 수 있다고 믿는다.

참고문헌

권경임, 2009, 현대불교사회복지론, 동국대학교출판부.

권중돈, 2016, 노인복지론(6판), 학지사.

권중돈, 2010, 노인복지론, 학지사.

권중돈, 2004, 노인복지론, 학지사.

금장태, 2012, 퇴계평전: 인간의 길을 밝혀준 스승, 지식과 교양.

금장태, 2001, 퇴계의 삶과 철학, 서울대학교출판부.

김경희, 2003, 아동심리학, 박영사.

김낙진, 2004, 의리의 윤리와 한국의 유교문화, 집문당.

김미혜 외, 2015, 재가노인복지 20년, 도전과 대응, 서울, 노인연구정보센터.

김미해, 권금주, 2008, 며느리의 노인학대 과정에 관한 연구, 한국노년학, 28(3), 403-424.

김성희, 남희은, 박소진, 2012, 요양보호사의 직무만족이 서비스에 미치는 영향, 한국콘텐츠학회나눔지.

김시우, 2008, 성경적 효 입문, 다시랑.

김영란, 황정임, 최진희, 김은경, 2016, 부자가족의 가족역량 강화를 위한 지원 방안 연구, 한국여성정책연구원.

김영범, 박준식, 2004, 한국노인의 가족관계망과 삶의 만족도, 한국노년학, 24(1), 169-185.

김창범, 2011, 요양보호사의 소진과 직무만족과의 관계, 노인복지연구.

김형호, 최진덕, 정순우, 손문호, 심경호, 1997, 退溪의 사상과 그 현대적 의미, 한국정신문화연구원.

나병균, 1985, 향약과 사회보장의 관계, 사회복지학회지, 7호, 21-50.

노자(老子)도덕경, 1989, 박일봉 역편, 육문사.

논어(論語), 1997, 이가원 감수, 홍신문화사.

도성달, 2013, 윤리, 세상을 만나다, 한국중앙연구원.

도성달, 2012, 서양윤리학에서 본 유학, 한국중앙연구원.

류승국, 1995, 효와 인륜사회 효사상과 미래사회, 한국정신문화연구원.

맹자(孟子), 1994, 이가원 감수, 홍신문화사.

박동식, 1986, 인간관계론과 조직행위에 관한 연구, 행정논총, 8(1), 159-174.

박수명 외, 한국국민정신운동의 역사와 발전방향, 집문당.

박종홍(朴鍾鴻), 1960, 퇴계의 인간과 사상, 국제문화연구소, 世界, 2권, 4호.

보건복지부, 2007, 노인학대상담사업 현황보고서.

보건복지부, 2009, 2008년도 노인실태조사: 전국노인생활실태 및 복지요구
조사.

보건복지부, 2014~2010년도 노인실태조사: 전국노인생활실태 및 복지욕구
조사.

복지저널, 2018.5(제117호), 공동체의식으로 커뮤니티케어 꽃피우자, 한국사
회복지협의회.

복지저널, 2018.10(제122호), 민·관협력으로 커뮤니티케어 완성하자, 한국사
회복지협의회.

성규탁 역, 1985, 사회복지행정조직론, 박영사(Y. Hasenfeld, Human Service
Organizations, 1983, Prentice-Hall).

성규탁, 1990, 한국노인의 가족중심적 상호부조망, 한국노년학, 9, 28-43.

성규탁, 1995, 한국인의 효행의지와 연령층들 간의 차이, 한국노년학, 15(1),
1-14.

성규탁, 1995, 새시대의 효, 연세대학교출판부.

성규탁, 2005, 현대 한국인의 효: 전통의 지속과 표현의 변화, 집문당. [학술
원선정 우수도서]

성규탁, 2010, 한국인의 효 I, II, III, IV, V, 한국학술정보.

성규탁, 2013, 한국인의 서로 돌봄: 사랑과 섬김의 실천, 한국학술정보.

성규탁, 2014, 한국인의 세대 간 서로돌봄(전통·변화·복지), 집문당.

성규탁, 2016, 한국인의 효에 대한 사회조사-질적 및 양적 접근, 집문당.

성규탁, 2017, 효행에 관한 조사연구, 지문당.

성규탁, 2017, 효, 사회복지의 기틀, 문음사.

성기월, 2005, 무료양로-요양시설 간호사의 업무내용과 직무만족도, 지역사회
간호학회지, 1(3).

성서(聖書).

손인수, 주채혁, 조긱호, 조대희, 민병주, 1977, 한국인의 인간관, 삼화서적주
식회사.

손인수, 1992, 한국인의 가치관, 교육가치관의 재발견, 문음사.

손인수, 1976, 한국유학사상과 교육, 삼일각. [오륜사상의 현대교육학적 이해]

손인수 외, 1977, 한국인의 인간관, 삼화서적주식회사.

송복, 1999, 동양의 가치란 무엇인가: 논어의 세계, 미래인력연구센터.

송성자, 1997, 한국문화와 가족치료, 한국사회복지학, 32권, 160-180.

신석산, 2010, 효운동, 1%의 성공, 부산: 전양.

신용하, 2004, 21세기한국사회와 공동체문화, 지식산업사.

신용하, 장경섭, 1996, 21세기 한국의 가족과 공동체 문화, 집문당.

신환철, 1995, 인간화를 위한 관료제 개혁, 사회과학연구, 21(95-2), 25-46.

안호상, 1964, 단군의 후예, 한국의 발견, 현대인강좌별권, 박우사.

양옥경 외, 2018, 사회복지실천론, 나남. (5판)

엄예선, 1994, 한국가족치료개발론, 홍익제.

예기(禮記), 1993, 권오순 역해, 홍신문화사.

오석홍, 2016, 인사행정론, 박영사.

오세철, 1982, 한국인의사회심리, 박영사.

원영희, 모선희, 1998, 노인복지관에 관한 연구: 현황과 발전방안, 한국노년
학, 18(2), 64-79.

유성호 외, 2016, 노인요양시설 입소노인에 대한 여성요양보호사의 폭력경험
에 대한 탐색적 연구, 한국노년학, 36(4), 1037-1058.

유영림, 김명성, 배영미, 2018, 노인생활시설 사회복지슈퍼비전과 발전방안에
대한 질적사례연구, 사회복지행정학, 20(1), 107‐149.

유인영, 조소영, 2003, 재가노인의 궤아욕구 사정과 궤아욕구군 분류에 관한
연구, 한국노년학, 23(3), 177-191.

윤성범(1977), Ethics East and West(M. C. Kalton, trans.), Seoul.

윤태림, 1970, 한국인의 의식구조, 서울, 문음사.

이경자 외, 2004, 노인전문간호사의 역할, 노인간호학회지.

이경희, 2016, 요양시설노인과 요양보호사에 있어 식사의 의미, 한국노년학,
36(4), 1157-1176.

이광규, 1981, 한국가족의 구조분석, 일지사.

이광규, 김태현, 최성재, 조흥식, 김규원, 1996, 가족의 관계역동성과 문제인
식, 아산재단연구초서 제29집.

이부영(1983), 한국인의 성격의 심리학적 고찰, 한국인의 윤리관, 한국정신문
화연구원, pp. 227-269.

이상은, 1965, 퇴계의 생애와 학문, 예문서원. 107-124.

이수원, 한국인의 인간관계구조와 정, 교육논총, 1, 1984. 5, 95-125.

이순민, 2016, 사회복지윤리와 철학, 학지사(2판).

이승호, 신윤미, 2018, 공적돌봄과 가족돌봄의 종단적 관계: 재가노인돌봄을
중심으로, 한국노년학, 38(4), 1035-1055.

이이, 율곡전서, 국역, 1985, 한국정신문화연구원, 卷19.

이정덕(1981), 한국에서의 이상적 가족에 관한 구세대와 신세대의 다른 가치
    관에 관한 비교연구, 성곡논총.
이준우, 선문진희, 2016, 재가노인복지, 재가노인을 위한 사회서비스, 파란
    마음.
이중표, 2010, 현대와 불교사상, 전남대학교출판사.
이혜자, 김윤정, 2004, 부부관계가 노년기 삶의 질에 미치는 영향, 한국노년
    학, 24(4), 197-214.
이황(李滉), 윤사순 역주, 2014, 퇴계선집, 현암사.
이황(李滉), 이광호 옮김, 1987, 성학십도, 홍익출판사.
이황(李滉), 장기근 역해, 2003, 퇴계집(退溪集), 홍신문화사.
일본사회복지사윤리강령, 2006.
임태섭, 1994, 체면의 구조와 체면욕구의 결정요인에 대한 연구, 한국언론학
    보 32호, 207-247.
정승은, 이순희, 2009, 노인요양시설 간호사의 실무경험, 간호행정학회지,
    15(1), 116-127.
조지현, 오세균, 양철호, 2012, 아시아4개국의 노인부양의식 및 노인부양행위
    에 관한 비교연구, 사회연구, 통권22호, 7-42.
차재호, 1983, 한국인의 부정적 성격에 대한 종교학적 고찰, 한국인의 윤리관,
    한국정신문화연구원.
최문형, 2000, 동학사상에 나타난 민족통일이념 연구, 남북한 민족공동체의
    지속과 변동, 교육정책연구 2000-지-1, 교육인적자원부, 111.
최문형, 한국전통사상의 탐구와 전망, 2004, 경인문화사, 336-348.
최상진, 유승엽, 1992, 한국인의 체면에 대한 사회심리학적 분석, 한국심리학
    회지: 사회 및 성격, 6(2), 137-157.
최상진, 2012, 한국인의 심리학, 학지사.
최상진, 1985, 사회적 측면에서 본 한국인의 인간관계, 중앙대문리대학보, 43,
    26-31.
최상진, 김기범, 2011, 문화심리학-현대한국인의 심리분석, 지식산업사.
최연실 외(15인), 2015, 한국가족을 말한다: 현상과 쟁점, 도서출판 하우.
최재석, 1982, 한국가족연구, 일지사.
최재석, 2009, 한국의 가족과 사회, 경인문화사.
최재성, 2016, 노인요양원과 문화변화, 아산재단연구총서, 집문당.
최정혜, 1998, 기혼자녀의 효의식, 가족주의 및 부모부양의식, 한국노년학,
    18(2), 47-63.

통계청조사, 2008-2014.

편상훈, 이춘실, 2008, 울산광역시 노인요양시설 운영에 문제점과 개선방안, 한국행정논집, 20(1), 261-287.

한경혜, 성미애, 진미정, 2014, 가족발달, KNOU Press.

한국갤럽, 2010. 12. 10~27, 한국인의 효.

한국갤럽, 2011. 01. 31, 한국인의 효.

한국사회복지사윤리강령, 2012.

현준수, 2018, 초고령사회에 대비한 노인종합복지관의 대응전략, 한국노년학회 2018년 후기 학술대회 발표, 26-30.

효실버신문, 2018.8.13. (제208호).

Anderson, M. L., & Taylor, H. F.(2010), Sociology, The Essentials, University of Chicago Press.

Antonucci, T. C., Akiyama, H., & Birditt, K.(2004), Intergenerational exchange in the United States and Japan. (In) M. Silverstein, R. Giarrusso, & V. L. Bengtson, (Eds.), Intergenerational relations across time and place, Vol. 24, Springer. Annual Review of Gerontology and Geriatrics.

The Beveridge report-Social insurance and allied services, (1942), CMD 6404, HMSD, London.

Bisman, C.(2004), Social work value: The core of the profession, British Journal of Social Work, 34, 109-123.

Blake, R., & Mouton, J.(1964), The managerial grid, Gulf Publishing Co.

Cambridge English Dictionary, Meaning of culture, Retrieved July 26, 2015.

Climo, J.(1992), Distant parents, Brunswick, New Jersey: Rudgers University Press.

Compton, B., & Galaway, B.(1984), Social work process, Chicago: The Dorsey Press.

Cooley, C. H.(1998), Social organizations: A study of larger mind, University of Chicago Press.

De Vos, G. A.(1988), Confucian family socialization: Religion, morality and propriety, (In) D. J. Okimoto, & T. R. Rohren(Eds.), Inside the Japanese system: Readings on contemporary society and political economy, Stanford University Press.

Dillon, R. S.(1992), Respect and care: Toward moral integration, Canadian Journal of Philosophy, 22.

Downie, R. S., & Telfer, E.(1969), Respect for persons, London: Allen and Unwin.

Etzioni, A.(Ed.)(1969), The semi-professions and their organizations, New York: Free Press.

Gambrill, E.(1983), Casework: A competency-based approach, Englewood Cliffs, NJ: Prentice-Hall.

Ghusn, H. M., Hyde, D., Stevens, E. S., Hyde, M., & Teasdale, T. A.(1996), Enhancing life satisfaction in later life: What makes a difference for nursing home residents? Journal of Gerontological Social Work, 26, 27-47.

Goldstein, H.(1998), Education for ethical dilemmas in social work practice, Families in Society, May-June, 241-253.

Gouldner, A.(1960), The norm of reciprocity: A preliminary statement, American Sociological Review, 25, 161-178.

Hasenfeld, Y.(1983), Human service organizations. Englewood Cliffs: Prentice Hall.

Hasenfeld, Y.(2017), Human services as complex organizations, Sage.

Heady, K.(2002), Managing in a market environment, British Journal of Social Work, 32(5), 527-540.

Jansson, B. S.(2013), Becoming effective policy advocate: Policy practice to social justice, New York: Brooks/Cole.

Kahn, A. J.(1979), Social policy and social services, 2nd Ed, New York: Random House.

Katz, D., & Kahn, R. L.(1978), The social psychology of organizations, New York: John Wiley.

Levy, B. R.(1999), The inner-self of the Japanese elderly: Defense against negative stereotypes of aging. International Journal of Aging and Human Development, 48, 132-144.

Lewis, R. A.(1990), The adult child and older parents, (In) T. H. Brubaker (Ed.), Family relationship in later life. Sage.

Likert, R.(1961), New patterns of management, New York: McGrow-Hill.

Litwak, E.(1985), Helping the elderly: The complementary networks &

formal systems, New York: The Gulford Press.

Litwak, E.(1978), Theoretical base for practice, (In) Maintenance of family ties of long-term care patients, R. Dobroff & E. Litwak (Eds.), Washington, D.C.: Department of Health, Education and Welfare.

Manheim, H, L., & Simon, B. A.(2013), Sociological research: Philosophy and methods, Homewood, IL: Dorsey Press.

Mehr, J. J., & Kanwisher, R.(2004), Human service: Concepts & Intervention strategies, Boston: Pearson.

Myrdal, G.(1958), (260-261), Value in social theory, P. Streeten, (Ed.), New York, Harper.

NASW Code of Ethics(2010), Parsons T., 1949, The structure of social action, New York, Glencoe, 542-552.

Payne, B. K.(2011), Crime and elder abuse: An integrated perspective, Springfield, IL: C. C. Thomas.

Pedersen, P. B.(1983), Asian personality theory, (In) R. J. Corsica & A. J. Marsella (Eds.), Personality Theories, Research, and Assessment. Itasca: Peacock.

Pillemer, K. A., & Finkelhor, D.(1988), The prevalence of elder abuse, The Gerontologist, 28, 51-57.

Rapoport, R.(1960), Community as a doctor, London: Tavistock.

Reichel, W.(1995), Care for the elderly: Clinical aspect of aging, Baltimore: Wilkins & Wilkins.

Rogers, C.(1961), On becoming a peson, Boston: Houghton Mifflin.

Roland, A.(1988), In Search of Self in India and Japan, Princeton University Press.

Rothman, J.(2014), The Meaning of Culture(2014-12-27), The New Yorker.

Simmel, O. S.(2008), The web of group affiliation, New York: Free Press.

Street, D., Vinter, R. D., & Perrow, C., Organizationss for treatment, New York: Free Press.

Streib, G. F.(1987), Old age in sociocultural context: China and the United States, Journal of Aging Studies, 7, 95-112.

Sung, K. T.(성규탁)(1990), A new look at filial piety: Ideals and practice of family-centered parent care in Korea. The Gerontologist 30, 610-617.

Sung, K. T.(성규탁)(1991), Family-centered informal support networks of

Korean elderly: Resistance of cultural traditions, Journal of Croiss-cultural gerontology, 6, 432-447.

Sung, K. T.(성규탁)(1992), Motivations for parent care: The case of filial children in Korea, International Journal of Aging and Human Development 34, 179-194.

Sung, K. T.(성규탁)(1995), Measures and dimensions of filial piety, The Gerontologist 35, 240-247.

Sung, K. T.(성규탁)(2001), Elder respect: Exploration of ideals and forms in East Asia, Journal of Aging Studies 15, 13-26.

Sung, K. T.(성규탁)(2004), Elder respect among young adults: A cross-cultural study of Americans and Koreans, Journal of Aging Studies 18, 215-230.

Sung, K. T.(성규탁)(2007), Respect and care for the elderly; The East Asian Way, Lanham, MD: Univ. Press of merica.

Sung, K. T.(성규탁), & R. E. Dunkle(2009), How social workers demonstrate respect for elderly clients, Journal of Gerontological Social Work, 53: 250-260.

Titmuss, R. M.(1976), Essays on the welfare state, Policy Press.

Weber, M.(1962), Basic conepts in sociology, (Trans.) H. A. Secher, New York: The Citadel Press.

찾아보기

성규탁(成圭鐸)

충북청주중학교 & 고등학교 졸업
서울대학교 문리과대학 & 대학원 졸업(BA, MA)
University of Michigan사회사업대학원 졸업(MSW)
University of Michigan대학원 졸업(Ph.D.)

전) University of Wisconsin-Madison사회사업대학원 교수
연세대학교 사회복지학과 교수 [창립 시 학과장]
연세대학교 사회복지연구소 초대소장
University of Chicago Fellow(동아시아가족 및 사회복지행정 연구)
한국사회복지학회 회장, 한국노년학회 회장
〈연세대학교 은퇴〉
Michigan State University사회사업대학원 전임교수
University of Southern California사회사업대학원 석좌교수
 (Frances Wu Endowed Chair Professor)
 (동아시아가족복지 및 사회복지행정 연구)
University of Michigan사회사업대학원 초빙교수
Elder Respect, Inc.(敬老會) 대표
〈귀국〉
시회복지교육실천포럼 대표
한국복지경제연구원효문화연구소 대표
한국사회복지사협회원로회 공동위원장
한국고령사회비존연합회 교육원장
서울중화노인복지관 운영위원장
서울강남시니어클럽(노인일자리마련기관) 운영위원장

〈저서(국문): 효 관련〉
새 時代의 孝 (연세대출판부) (연세대학술상수상) 1995
새 시대의 효 I (문음사) (아산효행상수상) 1996
새 시대의 효 II (문음사) (문화공보부추천도서) 1996
새 시대의 효 III (문음사) 1996
현대 한국인의 효 (집문당) (한국학술원선정우수도서) 2005
한국인의 효 I (한국학술정보(주)) 2010
한국인의 효 II (한국학술정보(주)) 2010
한국인의 효 III (한국학술정보(주)) 2010
한국인의 효 IV (한국학술정보(주)) 2010

한국인의 효 Ⅴ (한국학술정보(주)) 2010
어른을 존중하는 중국, 일본, 한국 사람들 (한국학술정보(주)) 2011
어떻게 섬길까: 동아시아인의 에티켓 (한국학술정보(주)) 2012
한국인의 서로돌봄: 사랑과 섬김의 실천 (한국학술정보(주)) 2013
부모님, 선생님 "고맙습니다"로 시작하는 효 (한국학술정보(주)) 2013
한국인의 세대 간 서로돌봄: 전통-변천-복지 (집문당) 2014
한국인의 효에 대한 사회조사 (지문당) 2015
효행에 관한 조사연구 (지문당) 2016
효, 사회복지의 기틀: 퇴계의 가르침 (문음사) 2017

〈저서(국문): 사회복지 관련〉

사회복지행정론 (법문사)
사회복지행정론(역서) (한국사회개발연구원)
산업복지론 (박영사)
정책평가 (법영사)
사회복지조직론(역서) (박영사)
사회복지사업관리론(역서) (법문사)
사회복지임상조사방법론 (법문사)
사회복지실천평가론 (법문사) 외

〈저서(영문)〉

Care and respect for the elderly in Korea: Filial piety in modern times in East Asia. Seoul: Jimoondang, 2005
Respect and care for the elderly: The East Asian way. Lanham, MD: University Press of America. 2007
Respect for the elderly: Implications for human service providers. Lanham. MD: University Press of America. 2009
Advancing social welfare: Challenges and approaches. Seoul: Jimoondang, 2011

〈논문(국내)〉

사회복지학회지
연세사회복지연구
사회복지
한국정신문화연구원논총
한림과학원총서
승곡논총
한국노년학

노인복지정책연구총서 등에 발표

〈논문(외국)〉
Journal of Social Service Research
Administration in Social Work
International Social Work
Society and Welfare
Social Indicators Research
Journal of Family Issues
Journal of Applied Social Sciences
Journal of Poverty
The Gerontologist
Journal of Aging Studies
International Journal of Aging & Human Development
Journal of Gerontological Social Work
Journal of Elder Abuse & Neglect
Journal of Cross-Cultural Gerontology
Journal of Aging & Social Policy
Educational Gerontology
Ageing International
Journal of Aging and Identity
Journal of Aging, Humanities, and the Arts
Journal of Religious Gerontology
Hong Kong Journal of Gerontology
Australian Journal on Ageing
The Southwest Journal of Aging
International Journal of Social Research & Practice: Dimentia
Public Health Reports
Public Health Reviews
Health and Social Work
Studies in Family Planning
Children and Youth Service Review
Child Care Quarterly
Child Welfare 등에 발표

e-mail: sung.kyutaik@gmail.com

──── 존중과 애정의 발현 ────

부모님을 위한 돌봄

──── 사적돌봄과 공적돌봄의 연계 ────

초판인쇄 2019년 3월 22일
초판발행 2019년 3월 22일

지은이 성규탁
펴낸이 채종준
펴낸곳 한국학술정보㈜
주소 경기도 파주시 회동길 230(문발동)
전화 031) 908-3181(대표)
팩스 031) 908-3189
홈페이지 http://ebook.kstudy.com
전자우편 출판사업부 publish@kstudy.com
등록 제일산-115호(2000. 6. 19)

ISBN 978-89-268-8720-2 93330